Apprendre le coréen :
Cahier d'exercices complet pour la grammaire, l'orthographe, le vocabulaire et la compréhension écrite. Avec plus de 600 questions

ISBN 9791193438039

FANDOM MEDIA

© FANDOM MEDIA 2023

Aucune partie de cette publication ne doit être copiée, diffusée ou envoyée par copie ou enregistrement ou sous quelque forme ou manière que ce soit, y compris par des moyens électroniques ou physiques, sans l'autorisation écrite préalable de l'éditeur, sauf à des fins de critique et autres fins non commerciales dans les limites autorisées par le Code de la propriété intellectuelle. Pour les demandes d'autorisation et de droits d'auteur, contactez l'auteur à l'adresse suivante :

marketing@newampersand.com

www.newampersand.com
14 13 12 11 10 / 10 9 8 7 6 5 4 3 2 1

Télécharger les fichiers audio MP3 sur newampersand.com/lecoreen

Table of Contents

L'ALPHABET CORÉEN (한글)...............3
Questions d'entraînement...............9
Réponses...............15

SUJET / OBJET / PARTICULES (주어 / 목적어 / 조사)...............12
Questions écrites...............18
Questionnaire à choix multiples 1-100...............22
Réponses...............33

PRÉDICAT (서술어)...............34
Questions écrites...............35
Questionnaire à choix multiples 101-180...............39
Réponses...............46

LES TYPES DE PHRASES (문장의 종류)...............47
Questions écrites...............48
Questionnaire à choix multiples 181 – 230...............50
Réponses...............55

ONOMATOPÉE (의성어 / 의태어)...............56
Questions écrites...............57
Questionnaire à choix multiples 231-270...............60
Réponses...............65

ADJECTIFS (형용사)...............66
Questions écrites...............67
Questionnaire à choix multiples 271-320...............70
Réponses...............77

HONORIFIQUES (높임말 / 존대말)...............78
Questions écrites...............82
Questionnaire à choix multiples 321-400...............83
Réponses...............88

PASSÉ / PRÉSENT / FUTUR (시간의 표현)...............89
Questions écrites...............91
Questionnaire à choix multiples 371-400...............93
Réponses...............97

VOCABULAIRE (단어공부)...............98
Réponses...............102

L'ORTHOGRAPHE (철자법)
Questionnaire à choix multiples 401-500...............104
Réponses...............113

LA COMPREHENSION ECRITE (독해)
Questionnaire à choix multiples 501-600...............114

L'ALPHABET CORÉEN
한글

MP3 (1)

Télécharger les fichiers audio MP3 sur newampersand.com/lecoreen

Les consonnes coréennes

	Nom	Prononciation (initiale/finale)	Approximation en anglais	Exemple en coréen
ㄱ	기역 gi-yŏk	g / k	good	가수 gasu
ㄲ	쌍기역 ssang gi-yŏk	kk / k	skin	꿈 kkum
ㄴ	니은 ni-ŭn	n / n	nano	노루 noru
ㄷ	디귿 di-gŭt	d / t	dog	다리 dari
ㄸ	쌍디귿 ssang di-gŭt	dd	stall	땀 ddam
ㄹ	리을 ri-ŭl	r / l	roman	라면 ramyŏn
ㅁ	미음 mi-ŭm	m / m	man	마법 mabŏp
ㅂ	비읍 bi-ŭp	b / p	bean	보배 bobae
ㅃ	쌍비읍 ssang bi-ŭp	bb	spit	빨리 bbali
ㅅ	시옷 si-ot	s / t	sing	소리 sori
ㅆ	쌍시옷 ssang si-ot	ss	see	싸움 ssaum
ㅇ	이응 i-ŭng	silence / ng	voyelle	아기 agi
ㅈ	지읒 ji-ŭt	j / t	jam	자유 jayu
ㅉ	쌍지읒 ssang ji-ŭt	jj	hats	짬뽕 jjamppong
ㅊ	치읓 chi-ŭt	ch / t	change	최고 choego
ㅋ	키읔 ki-ŭk	k / k	king	커피 kŏpi
ㅌ	티읕 ti-ŭt	t / t	time	타자 taja
ㅍ	피읖 pi-ŭp	p / p	prize	피로 piro
ㅎ	히읗 hi-ŭt	h / t	home	해변 haebyŏn

Vous demandez-vous ce que l'on veut dire par prononciation **"initiale/finale"** ? Ne vous inquiétez pas ! Ce n'est pas aussi difficile que ça en a l'air. Nous l'aborderons après avoir couvert les voyelles.

Voyelle coréennes

	Prononciation	Approximation en anglais	Exemple en coréen
ㅏ	a	grandpa	자두 jadu
ㅑ	ya	see-ya	야구 yagu
ㅓ	ŏ	up	접시 jŏpsi
ㅕ	yŏ	young	명화 myŏnghwa
ㅗ	o	go	고무 gomu
ㅛ	yo	yogurt	교사 gyosa
ㅜ	u	root	우주 uju
ㅠ	yu	you	소유 soyu
ㅡ	ŭ	good	그림 gŭrim
ㅣ	i	hit	소리 sori
ㅔ	e	energy	세기 segi
ㅐ	ae	tablet	대박 daebak
ㅒ	yae	yes	얘기 yaegi
ㅖ	ye	yes	예복 yebok
ㅙ	oae	where	안돼 andwae
ㅞ	ue	quest	훼손 hweson
ㅚ	oe	wet	최고 choego

Alors que "ㅚ" est "ㅗ" + "ㅣ", donc "oi" semble correct quand on suit les règles, mais c'est prononcé "oe" et ce n'est pas considéré comme une "double voyelle" non plus.

ㅘ	wa	what	과일 gwail
ㅟ	wi	wisconsin	귀 gwi
ㅢ	ŭi	we	의자 ŭija
ㅝ	wŏ	wonder	권투 gwontu

Écoutez attentivement et répétez !

Les symboles de prononciation pour les voyelles suivent le système McCune-Reischauer. Pour plus de détails sur ce système, consultez : http://mccune-reischauer.org

Et celles en gris sont appelées **doubles voyelles.** Elles sont faites de deux voyelles pour créer un son.

Gardez en mémoire qu'il n'y a pas de lettres françaises/romaines qui décrivent parfaitement les sons, mais si vous continuez d'écouter les fichiers audio et de vous entraîner, vous allez commencer à entendre les différences !

ㅗ + ㅐ = 왜
[o]   [e]   [wae]

Une chose que vous avez peut-être remarquée est comment "ㅐ" et "ㅔ" sonnent

Parlons des consonnes initiales/finales ! En coréen, une consonne(s) et une voyelle sont mises ensemble pour former un bloc de syllabe, qui est composé d'une consonne initiale (chosŏng), d'une voyelle médiane (jungsŏng), et d'une consonne finale optionnelle (jongsŏng) connue sous le nom de batchim. Pour créer un bloc de syllabe, vous avez besoin au moins d'une consonne et d'une voyelle.

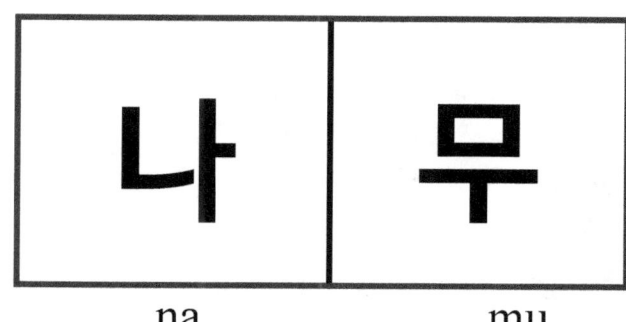

Prenez l'exemple du mot :

나무 "na mu (arbre)".

À ce stade, vous avez peut-être remarqué que la position de la voyelle est différente dans les deux syllabes "나" et "무". C'est simplement comme sont les règles et il n'y a pas de solution facile pour les contourner, alors il est préférable de vous y habituer. Et les règles sont les suivantes :

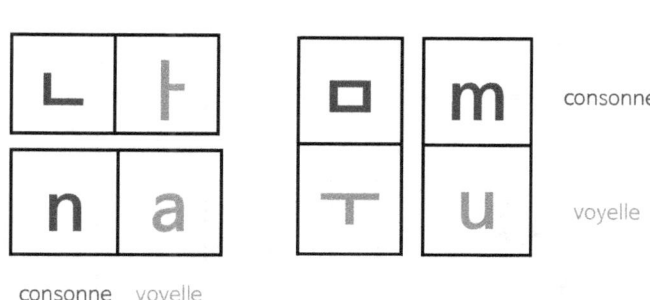

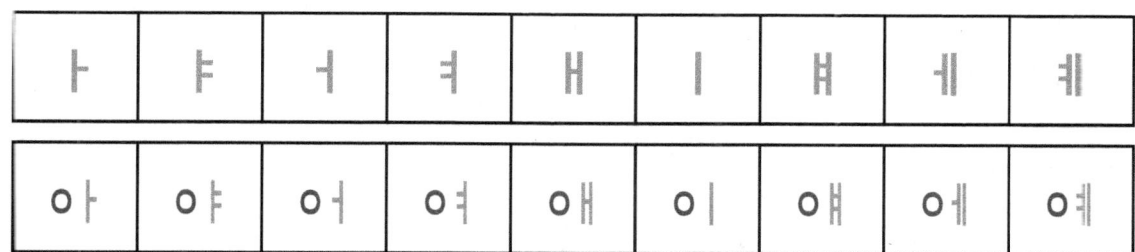

Ces 9 voyelles sont positionnées au côté droit d'une consonne. Au fait, quand une voyelle est prononcée seule, c'est la consonne muette " ㅇ " qui est employée.

Et ces 12 voyelles sont positionnées sous une consonne. Nous vous aiderons à les mémoriser à travers le livre avec un entraînement intensif !

Retournons à notre exemple, "소리" : chaque bloc de syllabe a une consonne et une voyelle, et n'a pas de consonne finale optionnelle, un batchim. Pour faire simple, le batchim est la dernière/finale consonne d'un mot se terminant par une consonne. Par exemple, en anglais, le mot "foot" a une consonne finale "t", et "hip" a une consonne finale "p". Le mot "employee" n'a pas de consonne finale parce qu'il se termine par une voyelle. Le coréen est pareil, mais avec une représentation graphique différente.

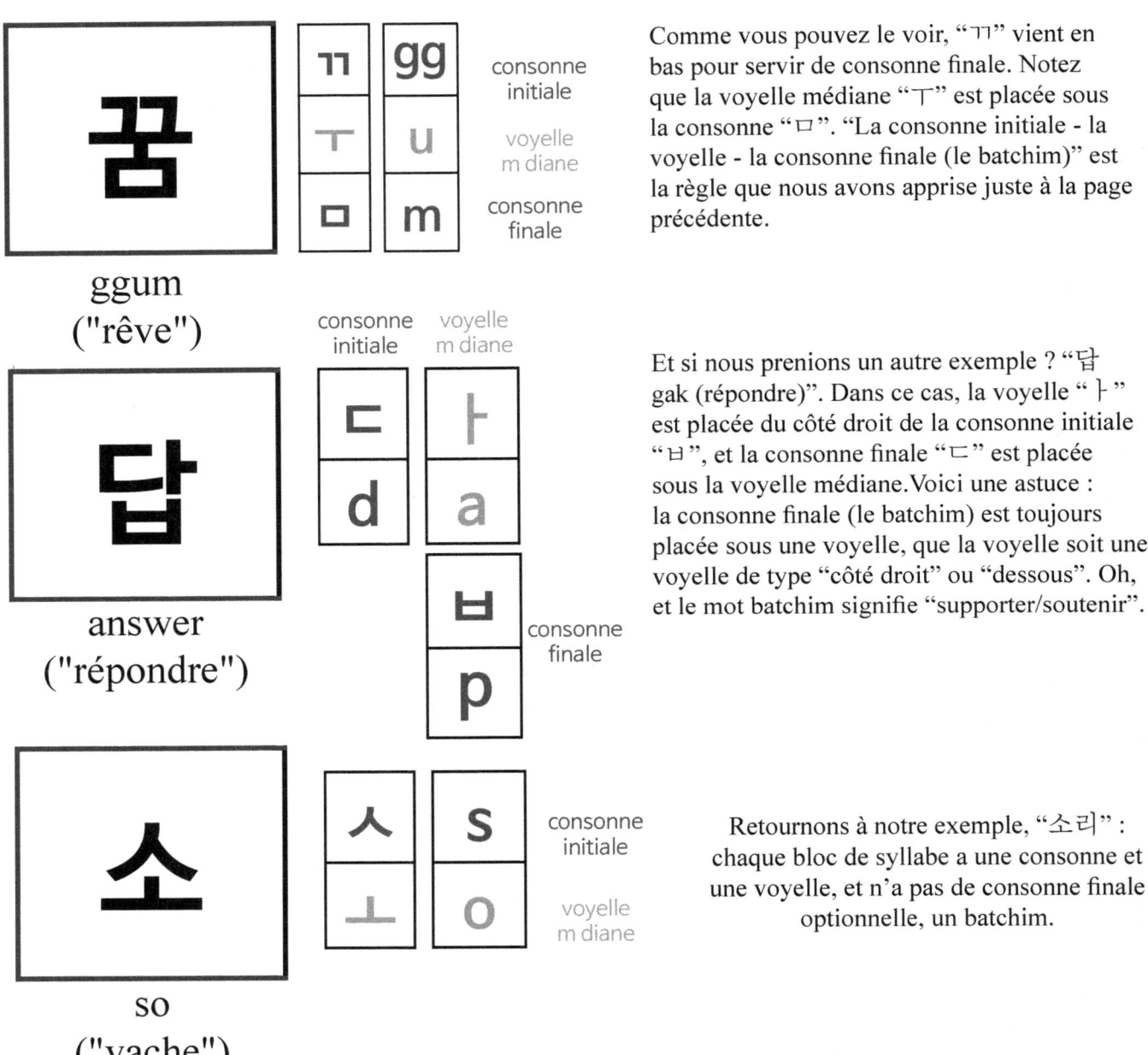

ggum ("rêve")

Comme vous pouvez le voir, "ㄲ" vient en bas pour servir de consonne finale. Notez que la voyelle médiane "ㅜ" est placée sous la consonne "ㅁ". "La consonne initiale - la voyelle - la consonne finale (le batchim)" est la règle que nous avons apprise juste à la page précédente.

answer ("répondre")

Et si nous prenions un autre exemple ? "답 gak (répondre)". Dans ce cas, la voyelle "ㅏ" est placée du côté droit de la consonne initiale "ㅂ", et la consonne finale "ㄷ" est placée sous la voyelle médiane. Voici une astuce : la consonne finale (le batchim) est toujours placée sous une voyelle, que la voyelle soit une voyelle de type "côté droit" ou "dessous". Oh, et le mot batchim signifie "supporter/soutenir".

so ("vache")

Retournons à notre exemple, "소리" : chaque bloc de syllabe a une consonne et une voyelle, et n'a pas de consonne finale optionnelle, un batchim.

Entraînons-nous à écrire l'alphabet coréen !

Consonnes (자음)

ㄱ	[g]	gi-yŏk	ㄱ	ㄱ	ㄱ				
ㄴ	[n]	ni-ŭn	ㄴ	ㄴ	ㄴ				
ㄷ	[d]	di-gŭt	ㄷ	ㄷ	ㄷ				
ㄹ	[l,r]	ri-ŭl	ㄹ	ㄹ	ㄹ				
ㅁ	[m]	mi-ŭm	ㅁ	ㅁ	ㅁ				
ㅂ	[b]	bi-ŭp	ㅂ	ㅂ	ㅂ				
ㅅ	[s]	si-ot	ㅅ	ㅅ	ㅅ				

ㅇ	silent	i-ŭng	ㅇ	ㅇ	ㅇ				
ㅈ	[j]	ji-ŭt	ㅈ	ㅈ	ㅈ				
ㅊ	[ch]	chi-ŭt	ㅊ	ㅊ	ㅊ				
ㅋ	[k]	ki-ŭk	ㅋ	ㅋ	ㅋ				
ㅌ	[t]	ti-ŭt	ㅌ	ㅌ	ㅌ				
ㅍ	[p]	pi-ŭp	ㅍ	ㅍ	ㅍ				
ㅎ	[h]	hi-ŭt	ㅎ	ㅎ	ㅎ				

Voyelles (모음)

ㅏ	[a]							
ㅑ	[ya]							
ㅓ	[ŏ]							
ㅕ	[yŏ]							
ㅗ	[o]							
ㅛ	[yo]							
ㅜ	[u]							
ㅠ	[yu]							
ㅡ	[ŭ]							
ㅣ	[i]							

Les numéros suivants ne sont pas dans le bon ordre.

Veuillez placer les numéros correspondants dans l'ordre alphabétique correct.

7 - 1 - 14 - 3 - 2 - 11 - 5 - 8 - 6 - 4 - 10 - 12 - 13 - 9

Quelle devrait être la bonne sonorité ?

Veuillez indiquer la prononciation correcte en français.

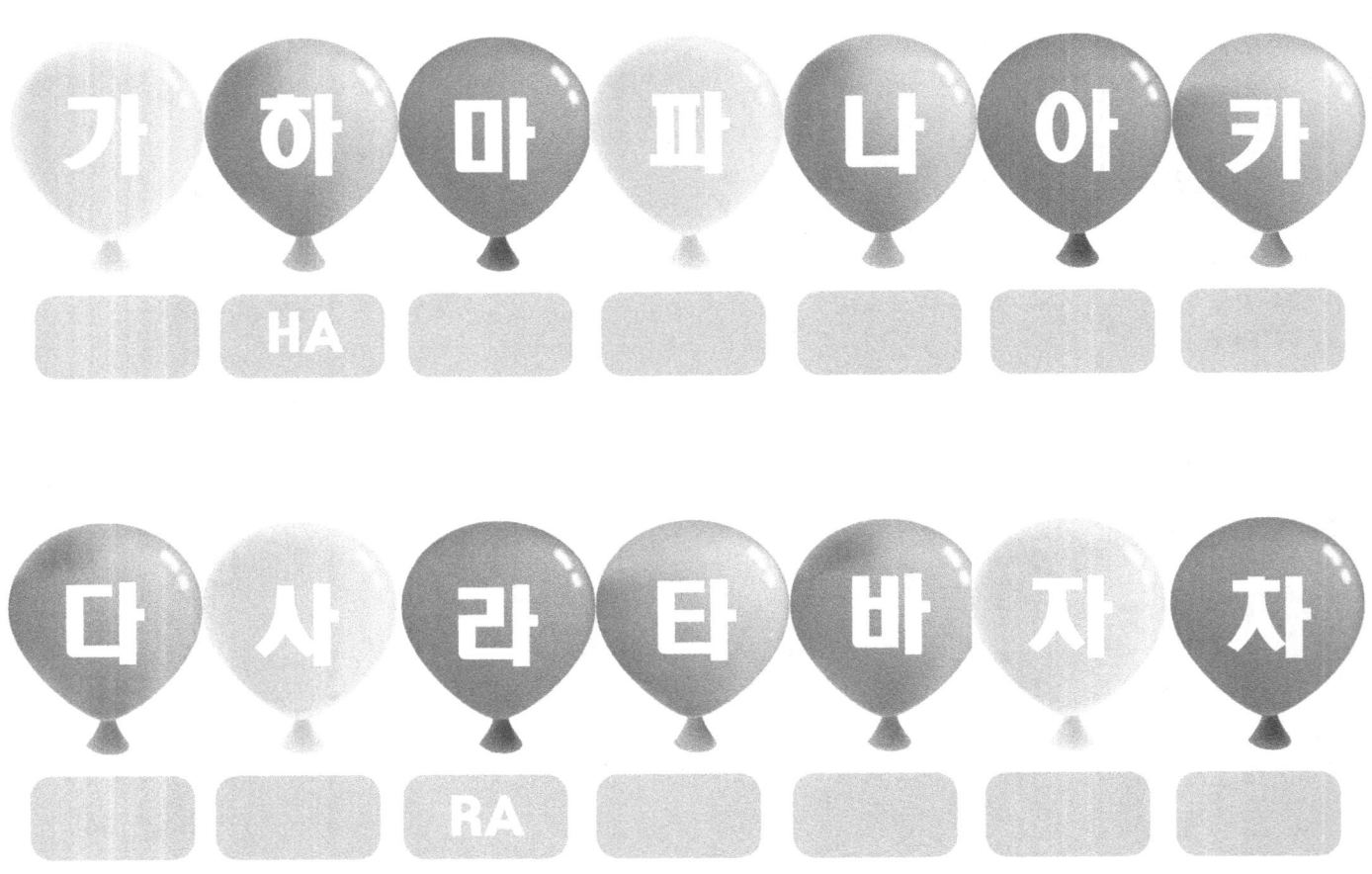

GA, HA, MA, PA, NA, AH, KA
DA, SA, RA, TA, BA, JA, CHA

Les mots suivants sont incomplets.

Insérez les consonnes, les voyelles et le batchim corrects.

Hak Gyo : École

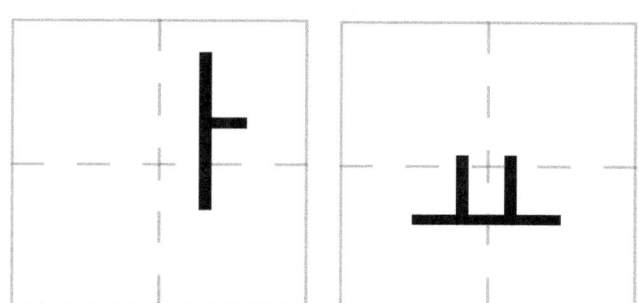

Bu Mo Nim : Parents

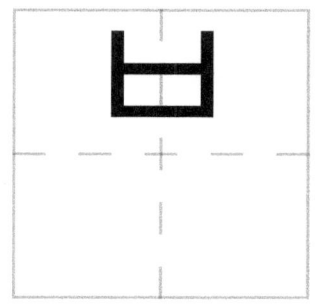
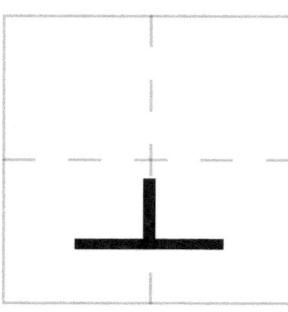
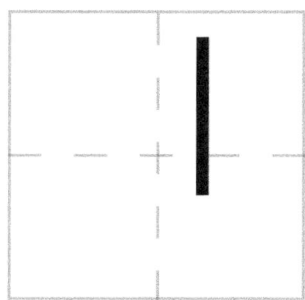

Gang Ah Ji : Chiot

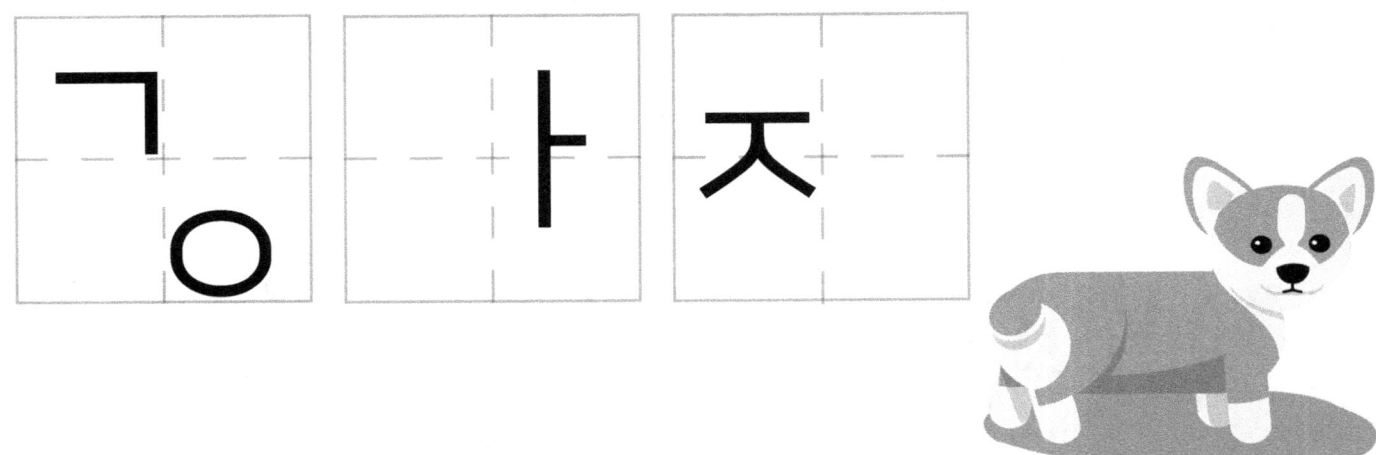

Nun Sa Ram : Bonhomme de neige

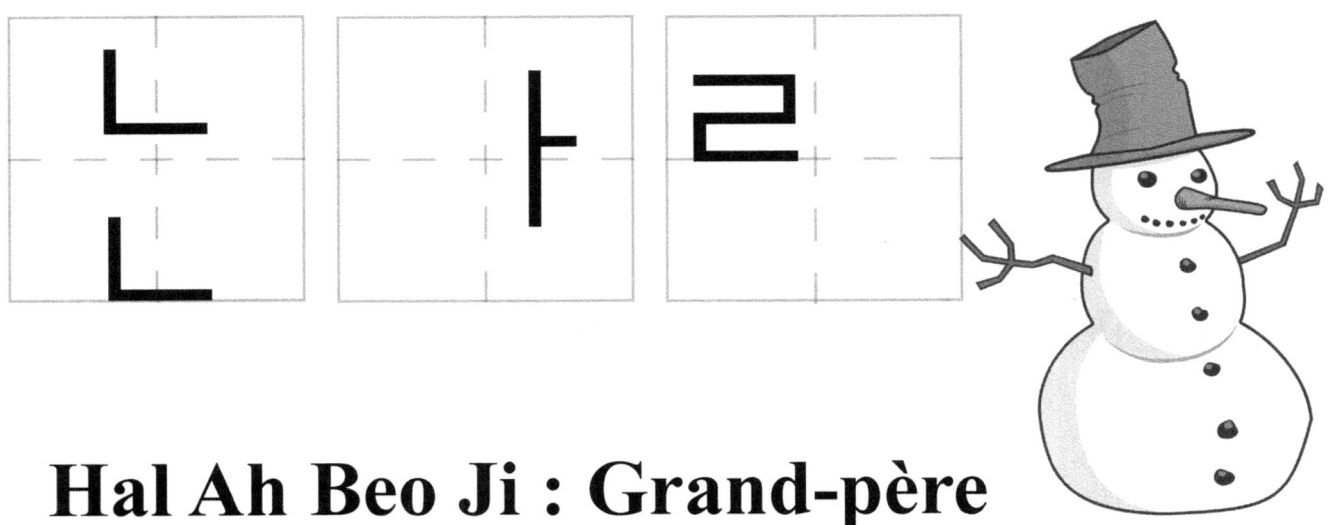

Hal Ah Beo Ji : Grand-père

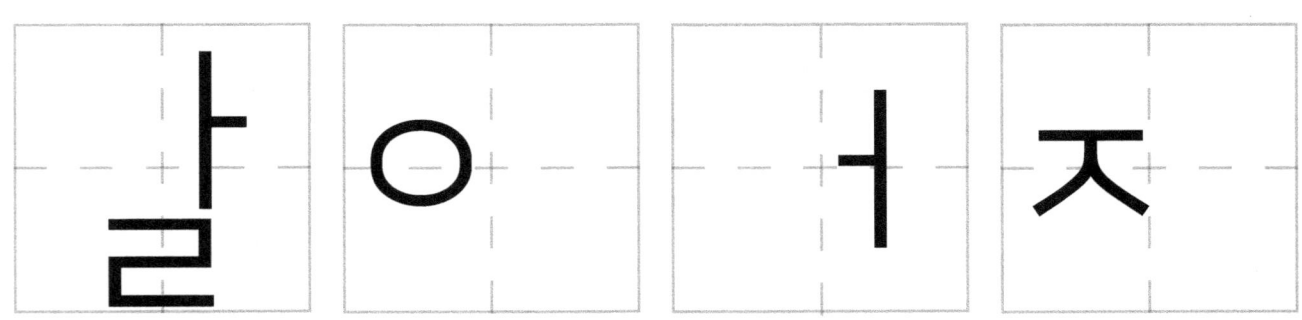

Baek Hwa Jeom : Grand magasin

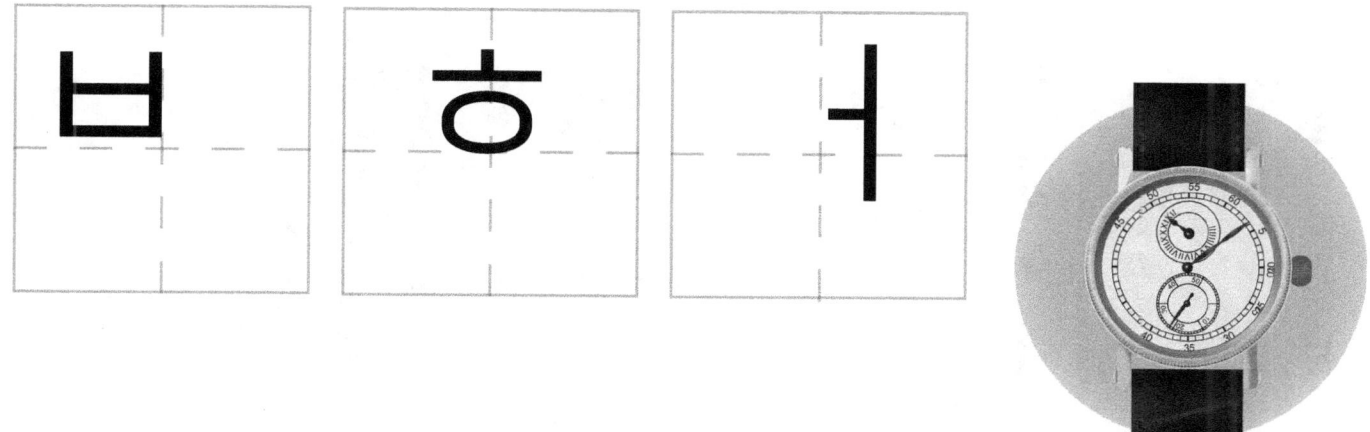

Son Mok Shi Gye : Montre-bracelet

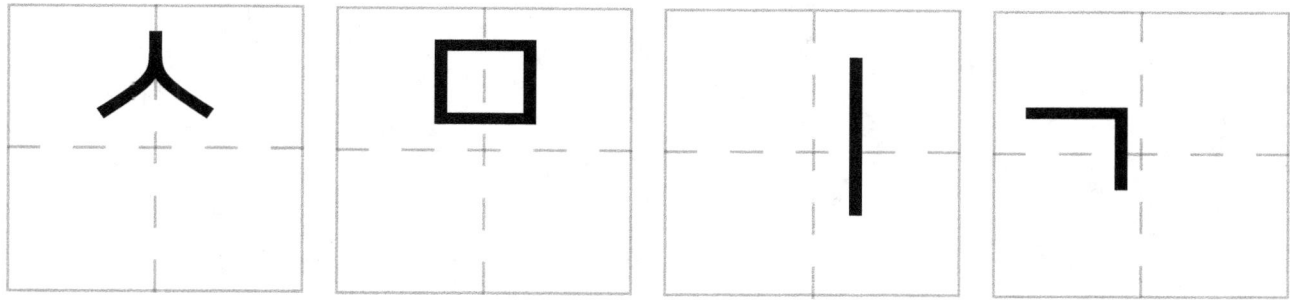

Jeon Hwa Beon Ho : Numéro de téléphone

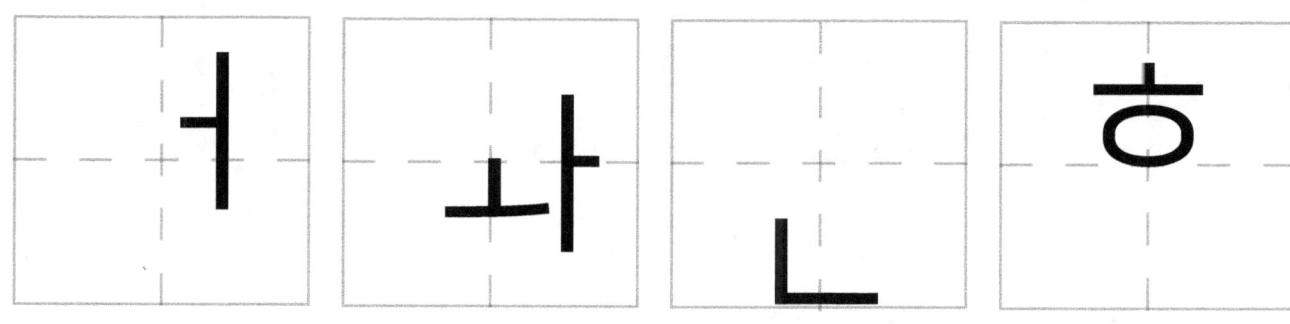

Assemblez les pièces du puzzle ci-dessous pour compléter chaque mot.

| kkot : fleur | chaek : livre | kong : haricot | ot : vêtements |

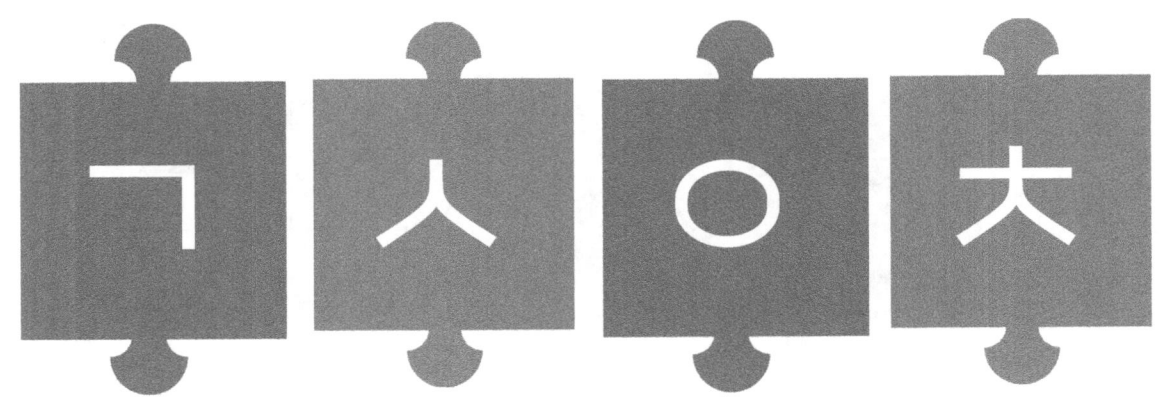

| gom : ours | yong : dragon | son : main | choom : danse |

Réponses

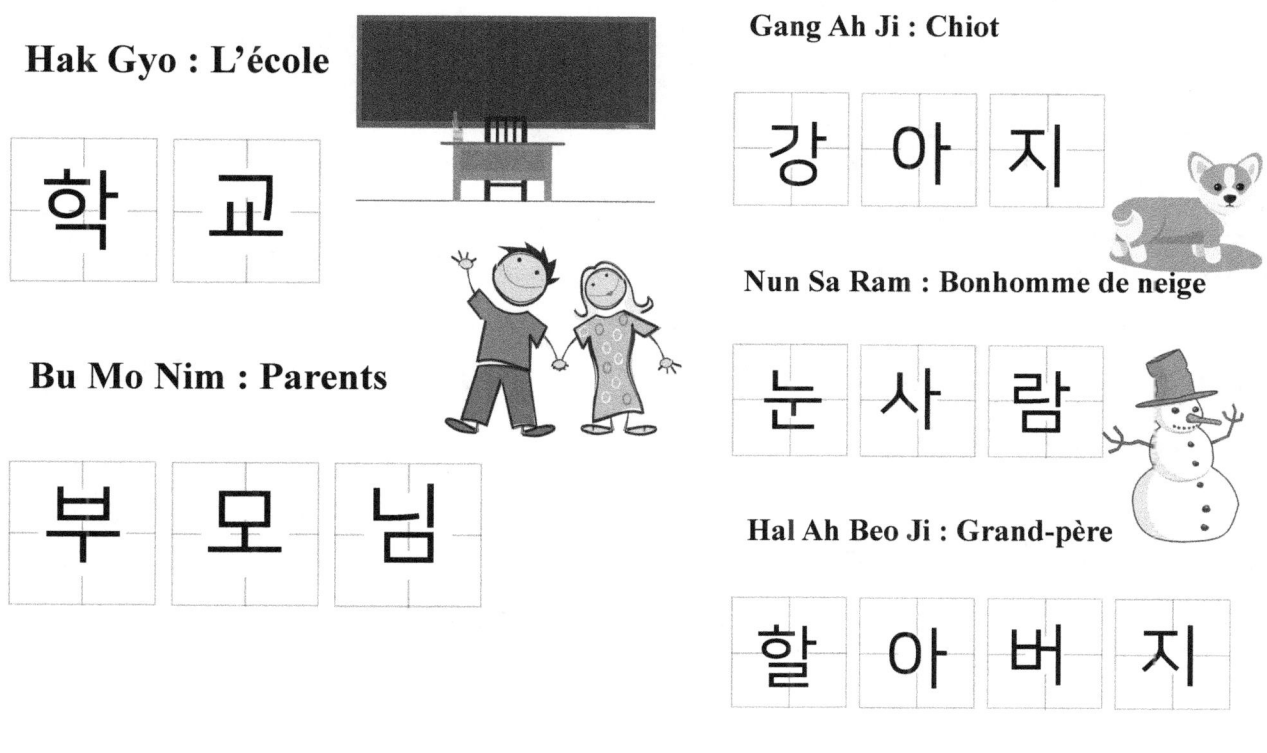

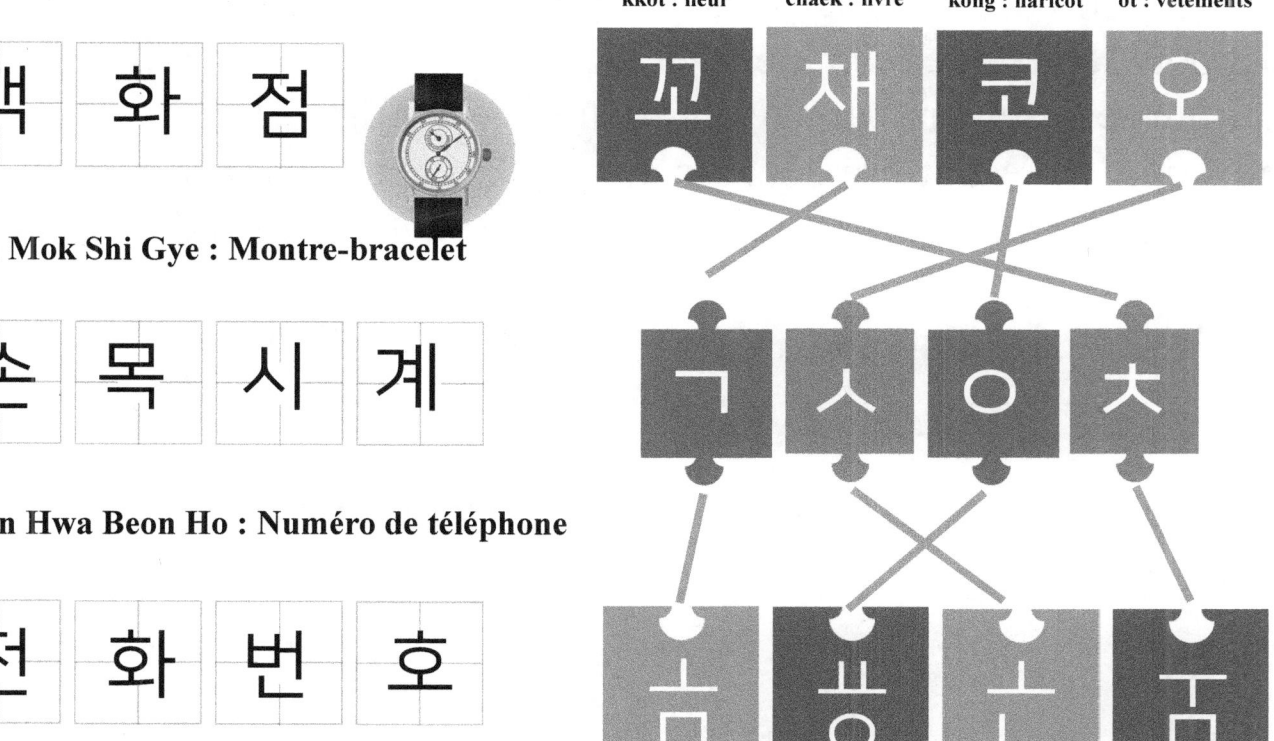

Sujet / Objet / Particules
주어 / 목적어 / 조사

Le sujet 주어 d'une phrase peut être une personne, un lieu ou une chose.

Sans le 주어, il serait très difficile de comprendre le sens d'une phrase.

Marquez à droite les parties que vous pensez être le 주어.

하늘	이	맑다.	
장미	가	예쁘다.	
음식	이	맛있다.	
갑자기	바람	이	분다.

- -

Les particules de marquage du sujet '이' et '가' sont ajoutées à la fin d'un sujet pour le marquer comme sujet dans la phrase. '이' est utilisé pour les mots qui se terminent par une consonne (c'est-à-dire les mots avec 받침), tandis que '가' est utilisé pour les mots qui se terminent par une voyelle (c'est-à-dire les mots sans 받침). Veuillez essayer de remplir les cases.

모자 ☐ 작습니다.   사람 ☐ 많아요.

강아지 ☐ 귀엽다.   나비 ☐ 날아왔다.

책 ☐ 두껍다.   물 ☐ 맑아요.

Réponses
모자가 작습니다. 사람이 많아요. 강아지가 귀엽다. 나비가 날아왔다. 책이 두껍다. 물이 맑아요.

De manière similaire, 은/는 servent de particules de marquage de thème. Elles sont également ajoutées à la fin du sujet d'une phrase, suivies d'un prédicat, et marquent l'idée principale ou le thème.

'은' est utilisé pour les mots qui se terminent par une consonne (c'est-à-dire les mots avec 받침), tandis que '는' est utilisé pour les mots qui se terminent par une voyelle (c'est-à-dire les mots sans 받침). Veuillez essayer de remplir les cases.

저 ☐ 학생입니다.	귀신 ☐ 무서워요.
수박 ☐ 맛있다.	당신 ☐ 몇 살 이세요?

Réponses
저는 학생입니다. 귀신은 무서워요. 수박은 맛있다. 당신은 몇 살 이세요?

En revanche, 을/를 sert de particule de marquage d'objet. Elles sont ajoutées à la fin d'un sujet pour marquer l'objet dans la phrase, suivies d'un verbe d'action.

'을' est utilisé pour les mots qui se terminent par une consonne (c'est-à-dire les mots avec 받침), tandis que '를' est utilisé pour les mots qui se terminent par une voyelle (c'est-à-dire les mots sans 받침). Essayez de remplir les cases.

지갑 ☐ 잃어버렸다.	책 ☐ 읽어요.
눈사람 ☐ 만들어요.	편지 ☐ 씁니다.

Réponses
지갑을 잃어버렸다. 책을 읽어요. 눈사람을 만들어요. 편지를 씁니다.

Placez les parties suivantes dans le bon ordre pour former une phrase complète.

J'étudie la langue coréenne.

| ☐ | ☐ | ☐ | ☐ |

나는　　　　한다.　　　　한국어　　　　공부를

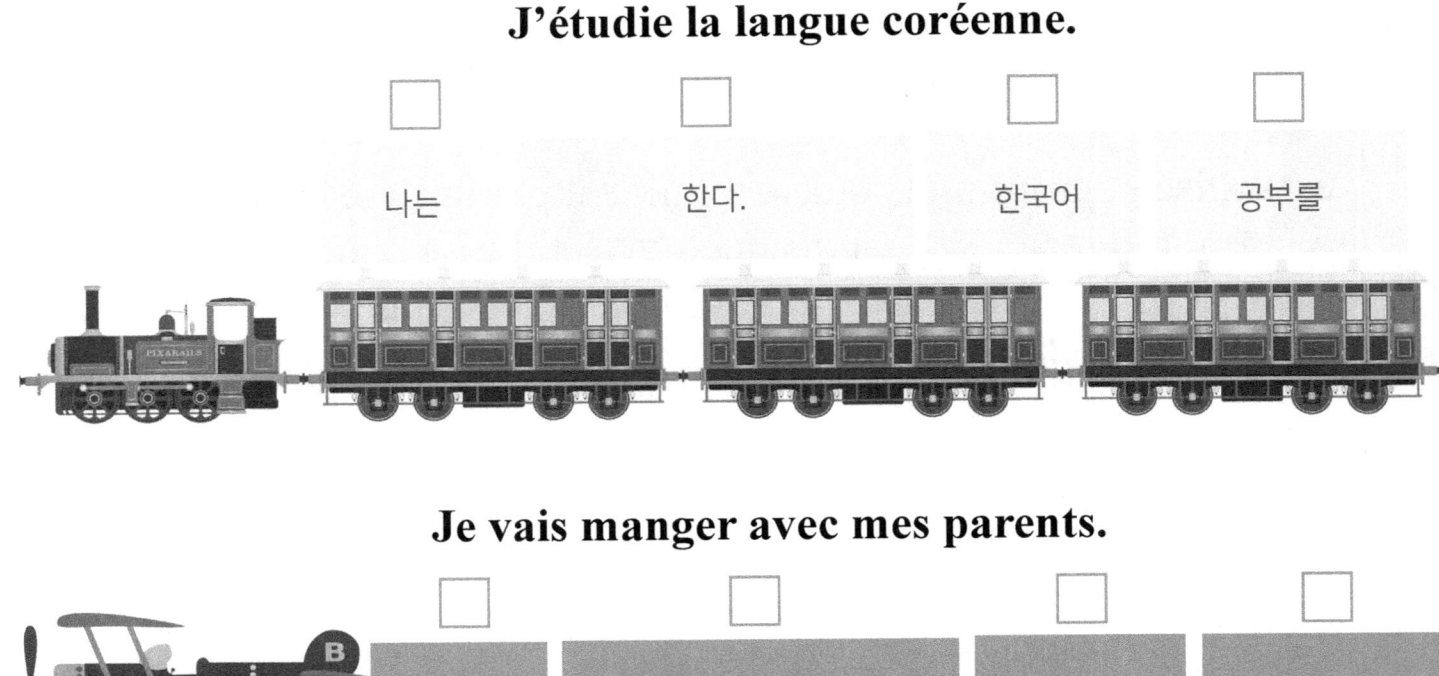

Je vais manger avec mes parents.

| ☐ | ☐ | ☐ | ☐ |

부모님과　　　저녁을　　　갑니다　　　먹으러

Cheol Soo revient de l'école à 15 heures.

| ☐ | ☐ | ☐ | ☐ |

돌아온다.　　　오후 3시에　　　학교에서　　　철수는

Étudions bien le coréen.

| ☐ | ☐ | ☐ |

한국어를　　　공부하자.　　　열심히

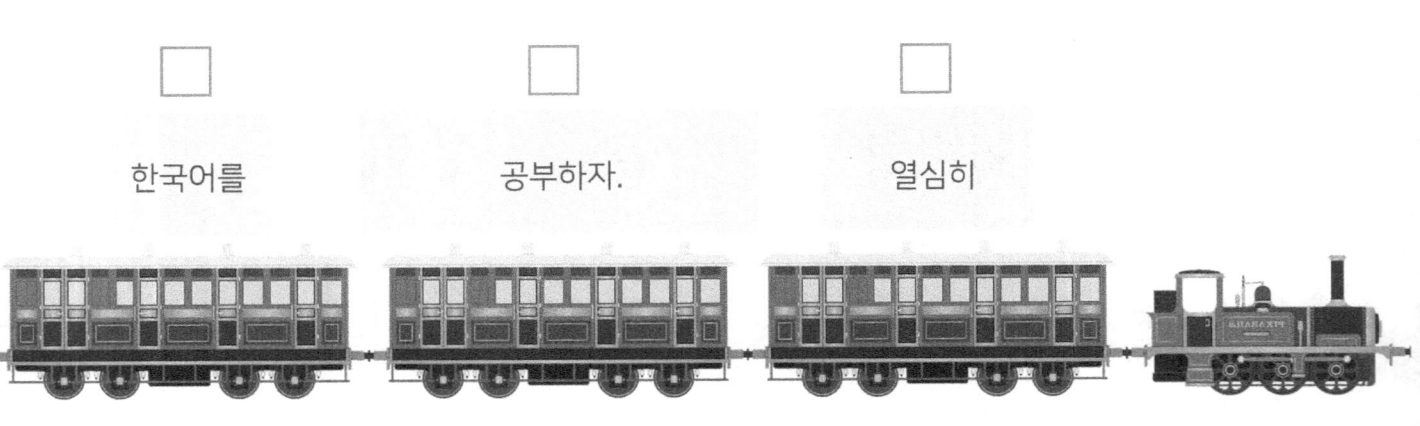

Réponses
1-4-2-3 / 1-2-4-3 / 4-3-2-1 / 1-3-2

Reliez la particule correcte au sujet.

Mot	Particule
송아지 [veau]	
수박 [melon d'eau]	이
하늘 [ciel]	가
책 [livre]	

Mot	Particule
철수 [cheol-su]	
내 친구 [mon ami]	은
책상 [bureau]	는
컴퓨터 [ordinateur]	

Mot	Particule
자동차 [voiture]	
침대 [lit]	을
방석 [coussin]	를
가방 [sac]	

Réponses

송아지가. 수박이. 하늘이. 책이.
철수는. 내 친구는. 책상은. 컴퓨터는.
자동차를. 침대를. 방석을. 가방을.

Entoure le sujet 주어 pour former une phrase.

얼굴에	빨리	배가		고프다.
갑니다.	다리가	천천히		아프다.
회사에	기차가	왜		떠났다.
커피가	완전히	한번		뜨겁다.

Réponses

배가, 다리가, 기차가, 커피가

Entoure la particule correcte.

Réponses

호랑이가. 나비가. 수박은. 강아지는. 태양은. 노래를. 영화를. 왕관을.

Dans les phrases suivantes, certaines particules sont mal utilisées. Veuillez lire attentivement et noter en dessous UNIQUEMENT celles qui sont mal utilisées.

로보트을 만들었어요.   공부를 많이 했어요.
J'ai fabriqué un robot.   J'ai beaucoup étudié.

맥주이 맛있다.   소금는 짜다.   하늘이 맑다.
La bière a un bon goût.   Le sel est salé.   Ciel est clair.

노래를 불러요.   스포츠카은 빠르다.   하마는 입가 크다.
Chantez une chanson.   Les voitures de sport sont rapides.   Les hippopotames ont une grande bouche.

공부가 즐겁다.   책읽기는 지루하다.   영어은 어려워요.
Étudier est un plaisir.   Lire est ennuyeux.   L'anglais est difficile.

피자는 맛있다.   고추은 매워요.   호랑이가 달려간다.
La pizza est savoureuse.   Le chili est chaud.   Le tigre court.

원숭이은 귀엽다.   치타는 빠르다.   전화를 받습니다.
Les singes sont mignons.   Les cheetas sont rapides.   Je réponds au téléphone.

음악을 듣습니다.   영화을 봅니다.   라면를 먹습니다.
J'écoute de la musique.   Je regarde un film.   Je mange des ramyeon.

Réponses

로보트를 만들었어요. 맥주가 맛있다. 소금은 짜다. 스포츠카는 빠르다. 하마는 입이 크다.
영어는 어려워요. 고추는 매워요. 원숭이는 귀엽다. 영화를 봅니다. 라면을 먹습니다.

22

> Sujet / Objet / Particules
> 주어 / 목적어 / 조사

Questions 1 - 20. Déterminez le sujet (주어) des phrases. S'il y en a plusieurs, choisissez celui qui a les deux.

1. 하늘이 맑다. (Le ciel est clair.)

A. 늘 B. 늘이 C. 하늘 D. 이 E. 맑다

2. 장미가 예쁘다. (La rose est jolie.)

A. 장 B. 미가 C. 가 D. 장미 E. 예쁘

3. 음식이 맛있다. (La nourriture est délicieuse.)

A. 음식이 B. 맛있 C. 맛 D. 음식 E. 있

4. 갑자기 바람이 분다. (Le vent souffle soudainement.)

A. 갑 B. 갑자 C. 바람 D. 분 E. 분다

5. 모자가 매우 작다. (Le chapeau est très petit.)

A. 매우 B. 작다 C. 모자 D. 모자 / 매우 E. 모자 / 작다

6. 예쁜 강아지가 자고 있습니다. (Un joli Chiot dort.)

A. 예쁜 B. 자고 C. 강아지 D. 강아지 / 뛰어 E. 있습니다

7. 나비가 날아와 꽃에 앉았다. (Un papillon est arrivé et s'est assis sur une fleur.)

A. 날아와 B. 나비 C. 날아 D. 꽃에 E. 앉았다

8. 제 이름은 김철수입니다. (Je m'appelle Kim Cheol-soo.)

A.김철수 B.제 C.김철수 / 제 D.김철수 / 이름 E.이름

9. 시원한 바람이 불었다. (Il y avait une brise fraîche.)

A.시원 B.시원한 C.불면 D.좋겠다 E.바람

10. 어두운 구름이 빠르게 없어지고 있습니다. (Les nuages disparaissent rapidement.)

A.어두운 B.구름 C.빠르게 D.없어지고 E.있습니다

11. 지갑을 잃어버린 철수가 슬퍼하고 있습니다. (Cheol-soo, qui a perdu son portefeuille, est triste.)

A.지갑 B.철수 C.슬퍼 D.잃어버린 E.지갑 / 철수

12. 영희와 철수가 눈사람을 만들고 있습니다. (Yeong-hi et Cheol-soo font un Bonhomme de neige.)

A.눈사람 B.영희 / 철수 C.만들고 D.영희 / 철수 / 눈사람 E.희와

13. 철수가 영희를 보고 웃었다. (Cheol-soo sourit à Yeong-hi.)

A.철수 B.영희 C.철수 / 영희 D.철수가 영희 E.웃었다.

14. 민수는 무서운 영화를 보면 악몽을 꾼다.
(Min-soo fait des cauchemars quand il voit des films d'horreur.)

A.민수 B.무서운 / 보면 C.영화 / 악몽 D.꾼다 E.영화를

15. 한라산은 얼마나 높을지 궁금하다. (Je me demande quelle est l'altitude du mont Halla.)

A.한라산 B.높 C.얼마나 D.한라산 / 높을 E.한라산 / 높을지

16. 사나운 사자가 앉아 있습니다. (Un lion féroce est assis.)

A.사나운 B.사자 C.사자가 D.앉아 E.있습니다

17. 사과는 건강에 아주 좋습니다. (La pomme est très bonne pour la santé.)

A.사과 B.사과 / 건강 C.아주 D.사과 / 아주 E.좋습니다.

18. 고기는 단백질을 많이 함유하고 있다. (La viande contient beaucoup de protéines.)

A.고기 B.단백질 C.함유 D.고기 / 단백질 E.고기 / 함유

19. 학생은 공부를 열심히 해야 한다. (Un étudiant doit travailler dur.)

A.학생은 B.학생 C.공부 D.열심히 E.학생 / 공부

20. 따뜻한 수프는 감기를 빨리 낫게 해준다. (La soupe chaude aide à se remettre d'un rhume.)

A.따뜻한 B.수프 C.따뜻한 수프 D.감기 E.해준다

Questions 21 - 40. Choisissez la bonne particule marqueur d'objet 을/를 pour compléter la phrase.

21. 사과( ) 먹는다. (Je mange une pomme.)

A.을 B.를

22. 제 이름( ) 아세요? (Connaissez-vous mon nom ?)

A.을 B.를

23. 하늘( ) 보면 마음이 상쾌해진다. (Je me sens rafraîchi lorsque je regarde le ciel.)

A.을 B.를

24. 전화기( ) 꺼주세요. (Veuillez éteindre votre téléphone.)

A.을 B.를

25. 저녁 식사로 짜장면 ( ) 먹어야겠다! (Je mangerai du jja-jang-myeon pour le dîner !)

A. 을   B. 를

26. 내가 하는 말 ( ) 잘 들어라. (Écoutez attentivement ce que je dis.)

A. 을   B. 를

27. 엄마 ( ) 보면 나랑 많이 닮은 것 같지 않니?
(Ma mère ne me ressemble-t-elle pas beaucoup quand on la regarde ?)

A. 을   B. 를

28. 닭 ( ) 보면 공룡이 생각나지 않니?
(Les poulets ne vous rappellent-ils pas les dinosaures quand vous les regardez ?)

A. 을   B. 를

29. 소금 ( ) 많이 먹으면 짜요. (C'est salé quand on mange trop de sel.)

A. 을   B. 를

30. 축구 ( ) 할까? (On joue au football ?)

A. 을   B. 를

31. 야구 ( ) 할까, 농구 ( ) 할까? (On joue au baseball ou au basket ?)

A. 을 / 을   B. 를 / 를   C. 을 / 를   D. 를 / 을

32. 닭고기 ( ) 먹을까, 돼지고기 ( ) 먹을까? (Devons-nous manger du poulet ou du porc ?)

A. 을 / 을   B. 를 / 를   C. 을 / 를   D. 를 / 을

33. 나( ) 보면, 누구( ) 떠올리니? (À qui je vous fais penser ?)

A.을 / 을   B.를 / 를   C. 을 / 를   D. 를 / 을

34. 달콤한 사탕( ) 좋아하니, 새콤한 레몬( ) 좋아하니?
(Aimez-vous les bonbons sucrés ou les citrons acides ?)

A.을 / 을   B.를 / 를   C. 을 / 를   D. 를 / 을

35. 물( ) 너무 많이 마시면 건강( ) 해칠 수 있다.
(Boire trop d'eau peut nuire à la santé.)

A.을 / 을   B.를 / 를   C. 을 / 를   D. 를 / 을

36. 햄버거에 치즈( ) 두 장 넣고, 빵( ) 얹으세요.
(Mettez deux tranches de fromage et posez du pain dessus.)

A.을 / 을   B.를 / 를   C. 을 / 를   D. 를 / 을

37. 바지( ) 입고, 자켓( ) 입으세요. (Enfilez le pantalon et la veste.)

A.을 / 을   B.를 / 를   C. 을 / 를   D. 를 / 을

38. 피망( ) 좋아하니, 양파( ) 좋아하니? (Aimez-vous les poivrons ou les oignons ?)

A.을 / 을   B.를 / 를   C. 을 / 를   D. 를 / 을

39. 고개( ) 높이 들고 저 앞( ) 똑바로 보아라. (Levez le menton et regardez droit devant vous.)

A.을 / 을   B.를 / 를   C. 을 / 를   D. 를 / 을

40. 여행( ) 가면 사진( ) 많이 찍어야지! (Je prendrai beaucoup de photos lorsque je voyagerai !)

A.을 / 을   B.를 / 를   C. 을 / 를   D. 를 / 을

Questions 41 - 60. Choisissez la bonne particule marqueur de sujet 이/가 pour compléter la phrase.

41. 비행기( ) 도착했다. (L'avion est arrivé.)

A.이 B.가

42. 당신 이름( ) 뭐였죠? (Quel est votre nom ?)

A.이 B.가

43. 하늘( ) 맑으면 마음이 상쾌해진다. (Si le ciel est dégagé, mon esprit se rafraîchit.)

A.이 B.가

44. 사과( ) 정말 달다! (La pomme est vraiment douce !)

A.이 B.가

45. 내일 비( ) 안오면 좋겠다! (J'espère qu'il ne pleuvra pas demain !)

A.이 B.가

46. 무서운 괴물( ) 크게 소리쳤다. (Le monstre effrayant a crié fort.)

A.이 B.가

47. 엄마( ) 만들어주신 맛있는 불고기 요리. (Savoureux plat de bulgogi que ma mère m'a préparé.)

A.이 B.가

48. 철수( ) 중학생이 되었다고? (Cheol-soo est devenu un élève de l'école moyenne ?)

A.이 B.가

49. 소금( ) 많이 뿌려져서 짜요. (Il est salé parce que beaucoup de sel a été saupoudré.)

A. 이   B. 가

50. 게임( ) 그렇게 재밌어? (Le jeu est-il si amusant que cela ?)

A. 이   B. 가

51. 야구( ) 좋아, 농구( ) 좋아? (Aimez-vous le baseball ou le basket-ball ?)

A. 이 / 이   B. 가 / 가   C. 이 / 가   D. 가 / 이

52. 닭( ) 먼저일까, 달걀( ) 먼저일까? (La poule d'abord ou l'œuf d'abord ?)

A. 이 / 이   B. 가 / 가   C. 이 / 가   D. 가 / 이

53. 제( ) 말한 다음에 여러분( ) 따라하세요. (Après avoir parlé, vous répétez.)

A. 이 / 이   B. 가 / 가   C. 이 / 가   D. 가 / 이

54. 생선 구이( ) 좋아, 비빔밥( ) 좋아? (Vous aimez le poisson grillé ou le bibimbap ?)

A. 이 / 이   B. 가 / 가   C. 이 / 가   D. 가 / 이

55. 내일 아침( ) 되면, 편지( ) 도착하겠지!
(La lettre devrait arriver quand elle devient demain matin !)

A. 이 / 이   B. 가 / 가   C. 이 / 가   D. 가 / 이

56. 햄버거에 치즈( ) 없어서, 맛( ) 없네요.
(Ce n'est pas savoureux parce qu'il n'y a pas de fromage dans le hamburger.)

A. 이 / 이   B. 가 / 가   C. 이 / 가   D. 가 / 이

57. TV 리모컨( ) 없어져서, 아빠( ) 화나셨다.
(Papa s'est mis en colère parce que la télécommande de la télévision a disparu.)

A. 이 / 이   B. 가 / 가   C. 이 / 가   D. 가 / 이

58. 택시( ) 너무 느리게 가서, 손님( ) 소리를 질렀다.
(Le client a crié parce que le taxi allait trop lentement.)

A. 이 / 이   B. 가 / 가   C. 이 / 가   D. 가 / 이

59. 산에 불( ) 나서 소방 헬기( ) 출동했다.
(Un hélicoptère a été dépêché sur les lieux parce qu'il y avait un incendie sur la montagne.)

A. 이 / 이   B. 가 / 가   C. 이 / 가   D. 가 / 이

60. 컴퓨터( ) 고장나서 전원( ) 켜지지가 않아!
(L'Ordinateur est en panne et le courant ne passe pas !)

A. 이 / 이   B. 가 / 가   C. 이 / 가   D. 가 / 이

Questions 61 - 80. Remplissez l'espace vide avec l'une des bonnes particules de marquage 을/를, 은/는, 이/가 pour compléter la phrase.

61. 나( ) 너( ) 정말로 사랑해. (Je t'aime vraiment.)

62. 닭고기( ) 치즈보다, 지방( ) 적다. (Le poulet contient moins de graisses que le fromage.)

63. 야구( ) 보다가, 재미가 없어서 영화( ) 보았다.
(Je regardais le baseball, mais j'ai regardé un film parce que c'était ennuyeux.)

64. 김치( ) 맵지만, 유산균( ) 많아서 건강에 좋다.
(Le kimchi est épicé mais il est bon pour la santé car il contient beaucoup de probiotiques.)

65. 세상에( ) 정말로 많은 나라들( ) 있구나.
(Il y a vraiment beaucoup de pays dans le monde.)

66. 차( ) 많이 막혀서 친구( ) 만나지 못했다.
(Je n'ai pas pu rencontrer mon ami parce qu'il y avait trop de circulation.)

67. 자동차( ) 10,000개의 부품( ) 사용해 만들어진다.
(Les voitures sont fabriquées à partir de 10 000 pièces.)

68. 철수( ) 라면( ) 먹을때 항상 우유( ) 마신다.
(Cheol-soo boit toujours du lait quand il mange des ramyeon.)

69. 외국인들( ) 한국의 여름( ) 가장 좋다고 말한다.
(Les étrangers disent que c'est l'été coréen qu'ils préfèrent.)

70. 빵( ) 먹을때는 음료수( ) 같이 마셔야지!
(Il faut boire une boisson quand on mange du pain !)

71. 민구( ) 비디오게임( ) 하면 시간( ) 가는 줄 모른다.
(Mingu perd la notion du temps lorsqu'il joue à des jeux vidéo.)

72. 하늘( ) 바라보니, 태양( ) 너무 강렬해서 눈( ) 감았다.
(En regardant le ciel, le soleil était trop fort, alors j'ai fermé les yeux.)

73. 목욕( ) 하니까 피로( ) 풀린 철수( ) 금세 잠들었다.
(Cheol-soo s'endort immédiatement après le bain parce qu'il se sent détendu.)

74. 선생님( ) 말하셨다. "철수( ) 일어나서 큰 소리로 책( ) 읽어라."
(L'enseignant dit : "Cheol-soo, lève-toi et lis le livre à haute voix".)

75. 내일( ) 토요일. 그러면 내일 모레( ) 일요일이니까, 교회에 가서 예배( ) 드려야겠다.
(Demain, c'est samedi, et après-demain, c'est dimanche. Je devrais aller à l'église.)

76. 나( ) 너무 배가 불러서 디저트( ) 하나도 먹지 못해서 기분( ) 좋지 않았다.
(Je n'ai pas pu manger de dessert parce que j'étais trop rassasiée, et cela m'a fait de la peine.)

77. 공부( ) 하나도 못해서 시험 성적( ) 엉망이다.
(Les résultats aux examens sont catastrophiques parce que je n'ai pas pu étudier du tout.)

78. 내( ) 입양한 강아지( ) 몸( ) 아파서 약( ) 먹였는데, 열( ) 낮아지지 않았다.
(Le chien que j'ai adopté était malade et je lui ai donné des médicaments, mais la fièvre n'a pas baissé.)

79. 고양이( ) 자신의 영역( ) 지키기 위해서 사람( ) 공격할 수 있다.
(Les chats peuvent attaquer des personnes pour protéger leur territoire.)

80. 영화( ) 보고 싶었는데, 같이 보기로 한 친구( ) 시간( ) 없어서 나 혼자 보았다.
(Je voulais voir un film, mais l'ami qui devait m'accompagner n'a pas eu le temps, alors je l'ai vu seul.)

Questions 81 à 100. Vérifiez si les particules sont mal utilisées et écrivez les bonnes en dessous.

81. 로보트<u>을</u> 만들었어요.
(J'ai fabriqué un robot.)

82. 철수<u>은</u> 책<u>을</u> 읽다가 힘이 들어서 산책<u>를</u> 하러 공원에 나갔습니다.
(Cheol-soo s'est senti fatigué en lisant un livre, alors il est allé se promener dans le parc.)

83. 스마트폰<u>는</u> 우리의 생활<u>를</u> 바꾸어 놓은 테크놀로지다.
(Les smartphones sont une technologie qui a changé notre vie.)

84. 맥주<u>을</u> 마시면 배<u>가</u> 부르지만 기분<u>가</u> 좋아진다.
(Boire de la bière me rassasie mais me fait du bien.)

85. 피자<u>는</u> 어린이들만 좋아하는 음식<u>가</u> 아니라, 어른들도 좋아한다.
(La pizza est appréciée non seulement par les enfants, mais aussi par les adultes.)

86. 원숭이<u>의</u> 바나나<u>을</u> 좋아한다는 이야기<u>는</u> 사실이었어!
(C'est vrai que les singes aiment les bananes !)

87. 안경를 잃어버린 철수<u>는</u> 앞<u>가</u> 잘 보이지 않아서 고생했다.
(Cheol-soo, qui a perdu ses lunettes, a eu du mal à voir clair.)

88. 문장의 의미<u>을</u> 모르면 뜻<u>를</u> 이해하는 게 쉽지 않다.
(Si vous ne connaissez pas le sens d'une phrase, il est difficile de la comprendre.)

89. 코끼리<u>의</u> 옆에 있으면, 사람<u>이</u> 정말 작아 보인다. 반대로, 강아지<u>가</u> 옆에 있으면, 사람<u>가</u> 커 보인다. (Si un homme se tient à côté d'un éléphant, il a l'air très petit. Inversement, si un homme se tient à côté d'un chiot, il a l'air grand.)

90. 엄마<u>가</u> 아빠에게 문자<u>을</u> 보냈다. "집에 올때 마트에서 고기<u>을</u> 사오세요."
(Maman a envoyé un message à papa. "Achète de la viande au supermarché sur le chemin de la maison.")

91. 한국의 여름는 너무 더워서 노인들이 힘들어한다.
(L'été coréen est trop chaud et les personnes âgées éprouvent des difficultés.)

92. 기분가 좋지 않으면 노래를 크게 불러보자!
(Chantons une chanson à haute voix si vous ne vous sentez pas mal !)

93. 술를 너무 많이 마시면 건강가 나빠진다!
(Si vous buvez trop d'alcool, votre santé en pâtira !)

94. 공부을 열심히 하면, 너의 꿈가 이루어 질 거야.
(Si vous étudiez dur, votre rêve se réalisera.)

95. 잠를 안자고 스마트폰을 가지고 놀면, 피곤해진다.
(Si vous continuez à jouer avec votre smartphone et que vous ne dormez pas, vous serez fatigué.)

96. 소나무에 솔방울가 크게 열렸다. 사다리를 가지고 와서 따볼까?
(Un pin a une grosse pomme de pin. Devrions-nous apporter une échelle et essayer de les ramasser ?)

97. 운동를 너무 열심히 했더니 몸가 피곤하구나.
(Mon corps est fatigué parce que j'ai fait trop d'efforts.)

98. 연습를 많이 해야 실력의 좋아지지.
(Vous devez vous entraîner beaucoup pour améliorer vos compétences.)

99. 한글를 공부하면, 한국어 실력의 훨씬 좋아질 거야!
(Si vous étudiez le Hangul, vos compétences en coréen seront bien meilleures !)

100. 나보다 나이가 많은 사람를 만나면, 예의을 갖춰서 말해야 한다.
(Si je rencontre quelqu'un qui est plus âgé que moi, je dois lui parler de manière formelle.)

Réponses

1. C
2. D
3. D
4. C
5. C
6. C
7. B
8. A
9. E
10. B
11. B
12. B
13. A
14. A
15. A
16. B
17. A
18. A
19. B
20. B
21. B
22. A
23. A
24. B
25. A
26. A
27. B
28. A
29. A
30. B
31. B
32. B
33. B
34. A
35. A
36. D
37. D
38. C
39. D
40. A
41. B
42. A
43. A
44. B
45. B
46. A
47. B
48. B
49. A
50. A
51. B
52. A
53. D
54. D
55. C
56. D
57. C
58. D
59. C
60. D
61. 는/를
62. 가/이
63. 를/를
64. 는/이
65. 는/이
66. 가/를
67. 는/을
68. 가/을/를
69. 은/이
70. 을/를
71. 는/을/이
72. 을/이/을
73. 을/가/가
74. 이/야/을
75. 은/는/를
76. 는/를/이
77. 를/이
78. 가/가/이/을/이
79. 는/을/을
80. 를/가/이
81. 로보트를 만들었어요.
82. 철수는 책을 읽다가 힘이 들어서 산책을 하러 공원에 나갔습니다.
83. 스마트폰은 우리의 생활을 바꾸어 놓은 테크놀로지다.
84. 맥주를 마시면 배가 부르지만 기분이 좋아진다.
85. 피자는 어린이들만 좋아하는 음식이 아니라, 어른들도 좋아한다.
86. 원숭이가 바나나를 좋아한다는 이야기는 사실이었어!
87. 안경을 잃어버린 철수는 앞이 잘 보이지 않아서 고생했다.
88. 문장의 의미를 모르면 뜻을 이해하는 게 쉽지 않다.
89. 코끼리가 옆에 있으면, 사람이 정말 작아 보인다. 반대로, 강아지가 옆에 있으면, 사람이 커 보인다.
90. 엄마가 아빠에게 문자를 보냈다. "집에 올때 마트에서 고기를 사오세요."
91. 한국의 여름은 너무 더워서 노인들이 힘들어한다.
92. 기분이 좋지 않으면 노래를 크게 불러보자!
93. 술을 너무 많이 마시면 건강이 나빠진다!
94. 공부를 열심히 하면, 너의 꿈이 이루어 질 거야.
95. 잠을 안자고 스마트폰을 가지고 놀면, 피곤해진다.
96. 소나무에 솔방울이 크게 열렸다. 사다리를 가지고 와서 따볼까?
97. 운동을 너무 열심히 했더니 몸이 피곤하구나.
98. 연습을 많이 해야 실력이 좋아지지.
99. 한글을 공부하면, 한국어 실력이 훨씬 좋아질 거야!
100. 나보다 나이가 많은 사람을 만나면, 예의를 갖춰서 말해야 한다.

Prédicat
서술어

Q : Lequel des termes suivants peut être utilisé pour décrire la plage ?

바다는… 1) 오늘 2) 아름답다 3) 를 4) 정말 5) 수박

Réponse : 2) 아름답다

Le prédicat (서술어) d'une phrase décrit et identifie :

1) une personne ou une chose (lieu, bâtiment, objet, etc.)
2) une activité
3) une forme et ses caractéristiques
4) un état

Sans ces descriptions, il est impossible de comprendre clairement ce que le sujet fait ou à quoi il ressemble.

Entourez la partie qui est un prédicat.

나는	기쁘다.
거북이는	느리다.
바나나는	맛있다.
야구는 정말	재미있다.

Réponses

기쁘다. 느리다. 맛있다. 재미있다.

Associez le prédicat suivant 서술어 aux catégories correctes.

아름답다   공부하다   학생이다

배고프다   병원입니다   멋지다

달리다   높다   아프다   소년이다

1) une personne ou une chose

2) une activité

3) une forme et ses caractéristiques

4) un état

Réponses

1) 학생이다   병원입니다   소년이다
2) 공부하다   달리다
3) 아름답다   높다   멋지다
4) 배고프다   아프다

Entourez le prédicat 서술어 pour compléter les phrases suivantes.

비행기는 매우 | 빠른 | 빨리 | 빠르다. |

철수가 책을 | 조용히 | 큰 | 읽는다. |

강아지가 정말 | 귀엽다. | 다시 | 왜 |

제주도 풍경은 | 왜 | 아름답다. | 한번 |

Réponses

빠르다.   읽는다.   귀엽다.   아름답다.

Associez la série suivante de prédicat 서술어 aux catégories appropriées.

```
날다        친구다
최고다       학교입니다
뛰다    높다    소녀다
```

1) Identifie un sujet

2) Décrit un activité

3) Décrit une fore et ses caractéristiques / une état

Réponses
1) 친구다   학교입니다   소녀다
2) 날다   뛰다
3) 높다   최고다

Entourez le prédicat 서술어 pour compléter les phrases suivantes.

사자는 매우   빠른   빨리   무섭다.

미호가 밥을   조용히   많이   먹는다.

고양이가 정말   예쁘다. 어디에   왜

겨울은   아름다운 춥다.   한번

Réponses
무섭다.   먹는다.   예쁘다.   춥다.

Entraînez-vous à écrire les phrases suivantes en entourant la partie prédicat 서술어 de la phrase.

철수가 사탕을 먹는다.

아기피부는 매우 부드럽다.

피자는 정말 맛있다.

의자에 앉아서 공부합니다.

제 이름은 수지입니다.

Réponses

먹는다.　부드럽다.　맛있다.　공부합니다.　수지입니다.

Choisissez un prédicat 서술어 dans la liste pour compléter correctement les phrases suivantes.

좋아합니다.   대학생입니다.   뛰어갑니다.

아픕니다.   김세호입니다.   무섭습니다.

제 이름은
Mon nom est

저는
Je suis

호랑이가 빠르게
Un tigre (   ) vite

저는 야구를
Je (   ) baseball.

머리가 많이
Ma tête (   ) beaucoup.

좀비 영화는 정말
Les films de zombies sont vraiment (   ).

Réponses

제 이름은 김세호입니다.   저는 대학생입니다.   호랑이가 빠르게 뛰어갑니다.
저는 야구를 좋아합니다.   머리가 많이 아픕니다.   좀비 영화는 정말 무섭습니다.

Prédicat
서술어

Questions 101 - 120. Lisez les phrases suivantes et identifiez la partie qui contient un prédicat.

101. 날씨가 춥다. (Le temps est froid.)

102. 영희가 집 청소를 하고 있다. (Yeong-hi fait le ménage dans la maison.)

103. 강아지가 사료를 먹고 있다. (Un Chiot mange de la nourriture pour chiens.)

104. 나무가 매우 크다. (L'arbre est vraiment grand.)

105. 기차가 정말로 길다. (Le train est très long.)

106. 독감에 걸려 몸이 아프다. (Je suis malade parce que j'ai la grippe.)

107. 오늘은 정말 졸리다. (J'ai vraiment sommeil aujourd'hui.)

108. 아침부터 비가 옵니다. (Il pleut depuis ce matin.)

109. 아기가 방긋 웃고 있습니다. (Un bébé sourit doucement.)

110. 제 친구들은 러시아 사람입니다. (Mes amis sont russes.)

111. 저 건물이 제가 다니는 학교입니다. (Ce bâtiment est l'école où je vais.)

112. 여기가 바로 광화문입니다. (C'est Gwanghwamun qui est ici.)

113. 어제부터 공부를 열심히 하고 있다. (J'étudie dur depuis hier.)

114. 바람이 정말 차갑게 분다. (Le vent souffle très froid.)

115. 운동을 많이 해서 몸이 피곤하다. (Je me sens fatigué parce que j'ai fait beaucoup d'exercice.)

116. 종이를 접어서 예쁜 모양을 만들었다. (J'ai plié un papier en une jolie forme.)

117. 인터넷이 빠르다. (L'Internet est rapide.)

118. 피아노 소리가 아름답다. (Le piano sonne magnifiquement.)

119. 바이올린 연습은 참 어렵다. (La pratique du violon est très difficile.)

120. 오리와 닭은 생김새가 다르다. (Les canards et les poules ont une apparence différente.)

Questions 121 - 150. Lisez les phrases suivantes et identifiez lequel des prédicats suivants 1) désigne un sujet 2) décrit un mouvement 3) décrit une propriété/un état. Notez le numéro correspondant.

121. 나는 학생이다. (Je suis étudiante.)

122. 나의 이름은 김철수다. (Mon nom est Kim Cheol-soo.)

123. 내 친구는 키가 크다. (Mon ami est grand.)

124. 민호가 책을 읽고 있다. (Min-ho est en train de lire un livre.)

125. 기린의 목은 정말 길다. (Le cou d'une girafe est très long.)

126. 백화점에 사람들이 정말 많다! (Il y a vraiment beaucoup de monde dans le grand magasin !)

127. 얼룩말이 뛰어간다. (Un zèbre est en train de courir.)

128. 머리가 아프다. (Ma tête me fait mal.)

129. 구름이 천천히 지나간다. (Les nuages défilent lentement.)

130. 저기 있는 사람이 내 삼촌이야. (Cette personne est mon oncle.)

131. 전화기가 따르릉 울렸습니다. (La cloche a sonné r-r-ring).

132. 바나나는 노랑색이다. (Les bananes sont de couleur jaune.)

133. 철수가 자전거에 앉아서 운동하고 있다. (Cheol-soo fait de l'exercice, assis sur un vélo.)

134. 날씨가 맑다. (Le temps est clair.)

135. 바람이 매섭게 불어 춥다. (Il fait froid à cause du temps rigoureux.)

136. 공부를 하다가 잠들었다. (Je me suis endormi en étudiant.)

137. 이 커다란 동물이 공룡입니다. (Cet énorme animal est un dinosaure.)

138. 얼룩말이 빠르게 달려간다. (Un zèbre court vite.)

139. 휘발유 가격이 비싸다. (Le prix de l'essence est élevé.)

140. 다이어트를 많이 해서 날씬하다. (Je suis mince grâce à un régime sévère.)

141. 소리가 너무 크다. (Le son est trop fort (= bruyant)).

142. 라면을 먹었다. (J'ai mangé des ramyeon.)

143. 라면이 맵다. (Le Ramyeon est épicé.)

144. 라면이 보글보글 끓는다. (Le Ramyeon est en train de bouillir avec des bruits de bulles.)

145. 도서관에 책이 많다. (Il y a beaucoup de livres à la bibliothèque.)

146. 지갑을 잃어버렸다. (J'ai perdu un portefeuille.)

147. 운동은 힘들다. (Faire de l'exercice est difficile.)

148. 책상위에 있는 것은 연필입니다. (Ce qui se trouve sur le bureau est un crayon.)

149. 비행기가 자동차보다 빠르다. (Les avions sont plus rapides que les voitures.)

150. 한국어 공부는 즐겁다. (L'étude du coréen est agréable.)

Questions 151 à 180. Remplissez les espaces vides avec les prédicats correspondants de la liste pour compléter les phrases suivantes.

아프다 고프다 높다 낮다 즐겁다 동물이다
식물이다 달린다 느리다 책상입니다 길다 달다
펄럭입니다 학생이다 어리다 영화다 이민수입니다 똑같다
다르다 먹고 있다 배부르다 앉았다 많다 선생님이다
호랑이다 날아간다 크다 쉽다 잠들었다 건물이다

151. 롯데월드타워는 555미터로, 대한민국에서 가장 높은 (   ).
(La Lotte World Tower est la plus haute (   ) de Corée, avec 555 mètres.)

152. 눈이 많이 쌓인 길에서 넘어졌더니 엉덩이가 (   ).
(J'ai (   ) aux hanches en tombant dans une rue où il y avait beaucoup de neige.)

153. 달리기 속도를 비교하면, 거북이가 토끼보다 훨씬 (   ).
(Lorsque l'on compare la vitesse de course, les tortues sont beaucoup (   ) que les lapins.)

154. 잠자리가 해바라기꽃 위에 (   ).
(Une libellule (   ) sur un tournesol.)

155. 오렌지와 귤은 비슷하게 생겼지만 맛이 (   ).
(Les oranges et les mandarines se ressemblent mais ont un goût (   ).)

156. 오늘 아침 식사를 하지 않았더니 배가 (   ).
(Mon estomac est (   ) car j'ai sauté le petit déjeuner.)

157. 식물의 반대말은 (   ).
(Le contraire d'une plante est (   ).)

158. 나는 열 살이고 너는 다섯 살이니, 네가 나보다 (   ).
(J'ai dix ans et tu as cinq ans. Tu es donc plus (   ) que moi.)

159. 수학, 과학, 영어, 체육 모두 A+를 받는 철수는 똑똑한 (   ).
(Cheol-soo obtient tous les A+ en mathématiques, en sciences, en anglais et en éducation physique. C'est un (   ) intelligent.

160. 이것은 의자이고, 저것은 (   ).
(C'est une chaise, et c'est (   ).)

161. 소금은 짜고, 설탕은 (   ).
(Le sel est salé et le sucre est (   ).)

162. 학생여러분, 반갑다! 내 이름은 김현정이고, 나는 오늘부터 너희들을 가르칠 (   ).
(Étudiants, je suis ravie de vous rencontrer ! Je m'appelle Kim Hyeon-jeong, et je suis (   ) qui vous enseignera à partir d'aujourd'hui.)

163. 반갑습니다. 제 이름은 (   ).
(Enchanté de vous rencontrer. Mon nom est (   ).)

164. 짜장면, 탕수육에 디저트까지 먹어서 (   ).
(Je suis (   ) parce que j'ai mangé du jjajangmyeon, du tang-su-yuk et du dessert.)

165. 동물원에서 가장 무서운 동물은 (   ).
(L'animal le plus effrayant du zoo est (   ).)

166. 코끼리가 긴 코를 이용해서 과일을 (   ).
(Un éléphant (   ) un fruit avec son long nez.)

167. 친구들과 떠나는 여행은 언제나 (   ).
(Un voyage avec des amis est toujours (   ).)

168. 기린이 하마보다 키가 훨씬 (   ).
(La taille des girafes est beaucoup plus (   ) que celle des hippopotames.)

169. 와! 종이 비행기가 정말 잘 (   ).
(Wow! paper plane is really (   ) well.)

170. 수업을 많이 빠졌더니 숙제가 정말 (   ).
(Le fait d'avoir séché tant de cours a donné lieu à de (   ) devoirs à la maison.)

171. 타이타닉은 내가 가장 좋아하는 헐리우드 (   ).
(Titanic est mon (   ) hollywoodien préféré..

172. 20cm짜리 막대기는 5cm짜리 막대기보다 길이가 (   ).
(Un bâton de 20 cm est (   ) qu'un bâton de 5 cm.)

173. 의자가 높은 줄 알았는데 생각보다 많이 (   ).
(Je pensais que la chaise était haute, mais elle est beaucoup (   ) que je ne le pensais.)

174. 쌍둥이 형제는 얼굴이 (   ).
(Les visages des frères jumeaux sont (   ).

175. 공부를 많이 했더니 생각보다 시험 문제가 (   ).
(Parce que j'ai beaucoup étudié, les questions du test sont plus (   ) que je ne le pensais.)

176. 침팬지는 동물이고, 장미는 (   ).
(Les chimpanzés sont des animaux et les roses sont (   ).)

177. 가을 하늘은 정말 (   ).
(Le ciel d'automne est vraiment (   ).)

178. 너무 피곤해서 나도 모르게 (   ).
(Parce que j'étais trop fatigué, je me (   ) sans m'en rendre compte.)

179. 태극기가 바람에 (   ).
(Le drapeau coréen est (   ) par le vent.)

180. 와! 치타가 정말 빠르게 (   ).
(Ouah ! Un guépard (   ) très vite !)

Réponses

101. 날씨가 <u>춥다</u>.
102. 영희가 청소를 <u>하고 있다</u>.
103. 강아지가 사료를 <u>먹고 있다</u>.
104. 나무가 매우 <u>크다</u>.
105. 기차가 정말로 <u>길다</u>.
106. 독감에 걸려 몸이 <u>아프다</u>.
107. 오늘은 정말 <u>졸리다</u>.
108. 아침부터 비가 <u>옵니다</u>.
109. 아기가 방긋 <u>웃고 있습니다</u>.
110. 제 친구들은 러시아 <u>사람입니다</u>.
111. 저 건물이 제가 다니는 <u>학교입니다</u>.
112. 여기가 바로 <u>광화문입니다</u>.
113. 어제부터 공부를 열심히 <u>하고 있다</u>.
114. 바람이 정말 차갑게 <u>분다</u>.
115. 운동을 많이 해서 몸이 <u>피곤하다</u>.
116. 종이를 접어서 예쁜 모양을 <u>만들었다</u>.
117. 인터넷이 <u>빠르다</u>.
118. 피아노 소리가 <u>아름답다</u>.
119. 바이올린 연습은 참 <u>어렵다</u>.
120. 오리와 닭은 생김새가 <u>다르다</u>.
121. 1
122. 1
123. 3
124. 2
125. 3
126. 3
127. 2
128. 3
129. 2
130. 1
131. 2
132. 3
133. 2
134. 3
135. 3
136. 2
137. 1
138. 2
139. 3
140. 3
141. 3
142. 2
143. 3
144. 2
145. 3
146. 2
147. 3
148. 1
149. 3
150. 3
151. 건물이다
152. 아프다
153. 느리다
154. 앉았다
155. 다르다
156. 고프다
157. 동물이다
158. 어리다
159. 학생이다
160. 책상입니다
161. 달다
162. 선생님이다
163. 이민수입니다
164. 배부르다
165. 호랑이다
166. 먹고 있다
167. 즐겁다
168. 크다
169. 날아간다
170. 많다
171. 영화다
172. 길다
173. 낮다
174. 똑같다
175. 쉽다
176. 식물이다
177. 높다
178. 잠들었다
179. 펄럭입니다
180. 달린다

LES TYPES DE PHRASES
문장의 종류

Q : Parmi les énoncés suivants, lequel correspond le mieux à la boîte ?

1) 잘 지냈다 2) 잘 지냈어 3) 잘 지내라

Réponse : 2) 잘 지냈어

Il existe de nombreux types de phrases. Elles peuvent par exemple représenter des explications, des descriptions, des invitations, des ordres et des expressions. Habituellement, elles se terminent par les terminaisons suivantes.

Explications/descriptions : ~다, ~이다, ~입니다, ~요
Demandes/suggestions : ~까 ?, ~요 ?, ~세요 ?, ~어 ?, ~니 ?, ~가요 ?, ~니까 ?, ~자, ~죠
Commandes : ~라, ~세요, ~오, ~시오
Exclamations : ~나 !, ~다 !, ~가 !

Recopiez les phrases suivantes en fonction de leur type.

가을에는 단풍이 아름답습니다.

내일 영화보러 갈까요?

티비를 꺼라.

자, 이제 밥을 먹자.

이렇게 아름다울수가!

1+1은 2입니다.

Explications/descriptions :

Demandes/suggestions :

Commandes :

Exclamations :

Réponses

Explications/descriptions : 가을에는 단풍이 아름답습니다. 1+1은 2입니다.
Demandes/suggestions : 내일 영화보러 갈까요. 자 이제 밥을 먹자.
Commandes : 티비를 꺼라.
Exclamations : 이렇게 아름다울수가!

Complétez les phrases suivantes en ajoutant un signe de ponctuation correct (. / ? / !) et entraînez-vous à écrire en recopiant les phrases.

철수가 사탕을 먹나요 ▢

눈사람을 함께 만들까 ▢

백두산은 정말 높구나 ▢

라디오 소리를 줄여라 ▢

나는 배가 많이 고프다 ▢

Réponses

? / ? / ! / . / .

LES TYPES DE PHRASES
문장의 종류

Questions 180 - 230. Remplissez les espaces vides avec le signe de ponctuation approprié (. / ? / !). S'il y en a plus d'un, écrivez les deux.

181. 서울의 날씨는 어떤가요 ( )
(Quel temps fait-il à Séoul ( )

182. 휴! 집이 이렇게 멀다니 ( )
(Ouf ! La maison est à cette distance ( )

183. 오늘은 일찍 자거라 ( )
(Dormir tôt ce soir ( )

184. 야구가 좋니, 축구가 좋니 ( )
(Aimes-tu le baseball ou le football ( )

185. 책을 많이 읽으면 두뇌 건강에 좋다 ( )
(Si vous lisez beaucoup, c'est bon pour la santé de votre cerveau ( )

186. 당장 컴퓨터를 끄세요 ( )
(Eteindre l'ordinateur tout de suite ( )

187. 여기에 온 이유가 뭐니 ( )
(Quelle est la raison pour laquelle vous êtes venu ici ( )

188. 자리에 앉아도 될까요 ( )
(Puis-je m'asseoir ( )

189. 여기에 앉으세요 ( )
(Veuillez vous asseoir ici ( )

190. 와! 날씨가 이렇게 추울수가 ( )
(Ouah ! Comment le temps peut-il être aussi froid ( )

191. 소금과 후추는 어디에 있나요 (　)
(Où se trouve le sel et le poivre (　)

192. 밥을 먹었으니 이제 집에 갑시다 (　)
(Rentrons à la maison puisque nous avons mangé (　)

193. 시간이 늦었으니 이제 집에 가자 (　)
(Rentrons à la maison puisqu'il est tard (　)

194. 어머! 정말 예쁜 드레스네 (　)
(Oh là là ! C'est une très jolie robe (　)

195. 오늘은 일찍 자야겠다. 내일 일찍 일어나야 하니까 (　)
(Je devrais me coucher tôt car je dois me lever tôt demain (　)

196. 와! 시간 정말 빨리간다 (　)
(Ouah ! Le temps passe vraiment vite (　)

197. 지금 몇시지 (　)
(Quelle heure est-il maintenant (　)

198. 이 책의 제목이 뭐였더라 (　)
(Quel était le nom de ce livre (　)

199. 도서관에서는 조용히 하거라 (　)
(Se taire dans une bibliothèque (　)

200. 나도 비디오게임 해도 돼 (　)
(Je peux aussi jouer au jeu vidéo (　)

201. 우유에는 칼슘이 많다 (　)
(Le lait contient beaucoup de calcium (　)

202. 와! 우리가 이겼다 (　)
(Yay ! Nous avons gagné (　)

203. 축구 경기는 몇시에 끝나나요 (　)
(A quelle heure se termine le match de football (　)

204. 문제를 듣고 정답을 적어보세요 (   )
(Ecoutez les questions et écrivez la réponse (   ))

205. 내가 여기에 온 이유가 뭐였지 (   )
(Quelle est la raison pour laquelle je suis venu ici (   ))

206. 도둑이다! 도둑 잡아라 (   )
(Voleur ! Attrapez le voleur (   ))

207. 오늘 저녁엔 무엇을 먹을까 (   )
(Qu'est-ce qu'on mange ce soir (   ))

208. 정말 덥다 (   )
(Il fait vraiment chaud (   ))

209. 공부를 마치고 영화를 봐야겠다 (   )
(Je devrais regarder un film après avoir terminé mes études (   ))

210. 그동안 건강히 잘 지내셨나요 (   )
(Vous êtes-vous bien portés jusqu'à présent (   ))

211. 저는 잘 지냈어요 (   )
(Je vais bien (   ))

212. 내일은 날씨가 맑을거래요 (   )
(On dit que le temps sera clair demain (   ))

213. 지금 몇시나 되었나 (   )
(Quelle heure est-il devenu (   ))

214. 너 많이 배고프지 (   )
(Vous avez très faim, n'est-ce pas (   ))

215. 내일은 뭐하지 (   )
(Que dois-je faire demain (   ))

216. 철수야! 학교에 늦겠다! 그만 자고 빨리 일어나 (   )
(Cheol-soo ! Tu vas être en retard à l'école ! Arrête de dormir et réveille-toi (   ))

217. 자, 이제 밥을 먹어볼까 (   )
(Bon, mangeons maintenant, n'est-ce pas (   )

218. 왜냐면 너무 피곤하니까 (   )
(Parce que je suis trop fatigué (   )

219. 하느님 맙소사 (   )
(Oh mon dieu (   )

220. 이제 집에 가자꾸나 (   )
(Rentrons à la maison maintenant (   )

221. 택시는 어디에서 타나요 (   )
(Où puis-je prendre un taxi (   )

222. 낚시는 정말 재미있네요 (   )
(La pêche est très amusante (   )

223. 사람들이 많아서 복잡하다 (   )
(Il y a beaucoup de monde parce qu'il y a beaucoup de gens (   )

224. 음악 소리를 줄여주세요 (   )
(Veuillez baisser le son de la musique (   )

225. 경찰이다! 꼼짝 마라 (   )
(C'est la police !Ne bougez pas (   )

226. 차가 온다! 조심해라 (   )
(Une voiture approche ! Attention (   )

227. 점심 잘 챙겨 먹었지 (   )
(Vous n'avez pas oublié de déjeuner, n'est-ce pas (   )

228. 오늘은 일찍 자야지 (   )
(Je devrais me coucher tôt aujourd'hui (   )

229. 도대체 이게 뭐야 (   )
(Qu'est-ce que c'est que ce (   )

230. 아니! 어떻게 이런 일이 있을 수가 ( )
(Oh, mon Dieu ! Comment cela a-t-il pu se produire (   ))

Réponses

181. ?
182. !
183. . / !
184. ?
185. .
186. . / !
187. ?
188. ?
189. . / !
190. !
191. ?
192. . / !
193. . / !
194. !
195. .
196. !
197. ?
198. ?
199. . / !
200. ?
201. .
202. !
203. ?
204. .
205. ?
206. !
207. ?
208. !
209. .
210. ?
211. .
212. .
213. ?
214. ?
215. ?
216. !
217. ?
218. .
219. !
220. . / !
221. ?
222. . / !
223. . / !
224. . / !
225. !
226. !
227. ?
228. .
229. ! / ?
230. !

Onomatopée
의성어/의태어

Q : Laquelle des affirmations suivantes décrit la façon dont la tortue marche ?

거북이가 ☐ 기어간다   1) 높은   2) 예쁜   3) 엉금엉금

Réponse : 3) 엉금엉금

En coréen, il existe des mots qui imitent les mouvements et les formes (의태어) et les sons (의성어) pour rendre une phrase plus réaliste. Entourez les mots qui imitent des mouvements et des formes et utilisez un triangle pour les mots qui imitent des sons.

깡총깡총   요리조리   따르릉   보글보글

쿵   우당탕탕   엉금엉금   바둥바둥

울긋불긋   음매음매   살금살금

Réponses

Imitating movements / shapes – 깡총깡총   요리조리   엉금엉금   바둥바둥   울긋불긋   살금살금
Imitating sounds – 따르릉   보글보글   쿵   우당탕탕   음매음매

Reliez les images suivantes aux mots corrects.

토끼가 ☐ 뛰어갑니다.

• 보글보글

비가 ☐ 내립니다.

• 으르렁

수프가 ☐ 끓습니다.

• 깡총깡총

단풍이 ☐ 들었습니다.

• 울긋불긋

• 따르릉

호랑이가 ☐ 거립니다.

• 주룩주룩

전화가 ☐ 울립니다.

Réponses

토끼가 깡총깡총 뛰어갑니다. 비가 주룩주룩 내립니다. 수프가 보글보글 끓습니다.
단풍이 울긋불긋 들었습니다. 호랑이가 으르렁 거립니다. 전화가 따르릉 울립니다.

Entraînez-vous à écrire les phrases suivantes et entourez la partie 의성어/의태어 de la phrase.

아기가 응애응애 운다.

심장이 쿵쿵 뛰어요.

비둘기가 파닥파닥 날개짓해요.

키보드를 타닥타닥 쳐요.

전투기가 슈웅슈웅 날아간다.

Réponses

응애응애. 쿵쿵. 파닥파닥. 타닥타닥. 슈웅슈웅

Choisissez l'un des éléments suivants 의성어/의태어 dans la liste pour compléter correctement les phrases suivantes.

삐뽀삐뽀   쫘당   멍멍   야옹야옹
꿀꺽꿀꺽   찰칵찰칵   쨍그랑

접시가 [   ] 소리를 내면서 깨졌다.
Le plat s'est cassé en faisant (   ) du bruit.

앰뷸런스가 [   ] 하고 빠르게 지나갔다.
L'ambulance est passée rapidement en faisant (   ) du bruit.

사진을 [   ] 찍어요.
Je prends une photo, (   ).

목이 말라서 물을 [   ] 마셨어요.
J'ai bu de l'eau en faisant (   ) du bruit parce que j'avais soif.

길이 미끄러워서 [   ] 하고 넘어졌어요.
Je suis tombé en faisant (   ) du bruit, car la route était glissante.

강아지는 [   ], 고양이는 [   ].
Chiens (   ) chats (   ).

Réponses

접시가 쨍그랑 소리를 내면서 깨졌다.   앰뷸런스가 삐뽀삐뽀 하고 빠르게 지나갔다.   사진을 찰칵찰칵 찍어요.
목이 말라서 물을 꿀꺽꿀꺽 마셨어요.   길이 미끄러워서 쫘당 하고 넘어졌어요.   강아지는 멍멍 고양이는 야옹야옹.

Onomatopée
의성어 / 의태어

Questions 231 à 270. Sélectionnez l'onomatopée la plus appropriée pour compléter les phrases suivantes.

231. 강아지가 (　　) 짖는다.
(Le chien aboie (　　)).
A.보글보글 B.멍멍 C.쿵쿵 D.용용 E.터벅터벅

232. 오리가 (　　) 걸어간다.
(Le canard marche (　　)).
A.깡총깡총 B.콩닥콩닥 C.으르렁 D.부르릉 E.뒤뚱뒤뚱

233. 참새가 (　　) 노래한다.
(L'hirondelle chante/chuchote (　　)).
A.짹짹 B.야옹 C.쫘당 D.꿀꿀 E.삑삑

234. 자동차가 (　　) 하고 떠나갔다.
(Voiture s'éloigne en faisant (　　) du bruit.)
A.부르릉 B.깡총깡총 C.부들부들 D.키득키득 E.컹컹

235. 시원한 바람이 (　　) 불어왔다.
(Un vent frais a soufflé (　　)).
A.살랑살랑 B.후르륵 C.삐용삐용 D.따르릉 E.우당탕

236. 진우가 미끄러운 바닥에서 (　　) 넘어졌다.
(Jinwoo est tombé en faisant (　　) du bruit sur une route glissante.)
A.쫘당 B.보글보글 C.맴맴 D.후다닥 E.느릿느릿

237. 아기가 (　　) 기어간다.
(Un bébé rampe (　　)).
A.부들부들 B.깡총깡총 C.엉금엉금 D.화라락 E.가물가물

238. 방울을 (   ) 흔듭니다.
(Agiter une cloche (   )).
A.딸랑딸랑 B.키득키득 C.엉금엉금 D.깡충깡충 E.탁탁

239. 고양이가 (   ) 하고 웁니다.
(Le chat (   )).
A.쌩쌩 B.툭툭 C.컹컹 D.삐요 E.야옹

240. 감기에 걸려 (   ) 기침을 했다.
(J'ai toussé (   ) parce que j'ai un rhume.)
A.토닥토닥 B.콜록콜록 C.보글보글 D.드르륵 E. 쾅쾅

241. 발자국 소리가 나지 않게 (   ) 걸었다.
(J'ai marché (   ) pour ne pas faire de bruit.)
A.살금살금 B.뚜벅뚜벅 C.깡충깡충 D.터벅터벅 E.헐레벌떡

242. 갑자기 졸음이 몰려와서 (   ) 졸았다.
(La somnolence s'est emparée de moi soudainement et je me suis endormi (   )).
A.주룩주룩 B.꾸벅꾸벅 C.보글보글 D.사뿐사뿐 E.키득키득

243. 전화기가 (   ) 하고 울렸다.
(Le téléphone a sonné (   )).
A.따르릉 B.맴맴 C.콰르릉 D.휘리릭 E.삐약삐약

244. 병아리가 (   ) 하고 울었다.
(Un poulet a gazouillé (   )).
A.삐약삐약 B.꽥꽥 C.뒤뚱뒤뚱 D.파닥파닥 E.꽈당

245. 목이 말라 물을 (   ) 마셨다.
(J'ai bu de l'eau (   ) parce que j'avais soif.)
A.살금살금 B.벌컥벌컥 C.쩝쩝 D.쾅쾅 E.휘리릭

246. 토끼가 (　　　) 뛰어갑니다.
(Un lapin s'enfuit en sautillant (　　)).
A.부들부들 B.쾅쾅 C.깡충깡충 D.펄럭펄럭 E.삐뽀삐뽀

247. 천둥이 (　　　) 친다.
(Coup de tonnerre (　　)).
A.콰르릉 B.와장창 C.쨍그랑 D.우장창 E.달그락

248. 접시를 떨어뜨려 (　　　) 하고 깨졌다.
(J'ai fait tomber le plat et il s'est cassé en faisant (　　) un bruit.
A.땡그랑 B.딩동 C.쨍그랑 D.통통 E.탕탕

249. 경찰이 (　　　) 하고 총을 발사했다.
(La police a tiré sur l'arme (　　)).
A.통통 B.쿵쿵 C.탁탁 D.콩콩 E.탕탕

250. 김치찌개가 (　　　) 끓기 시작했다.
(Le ragoût de kimchi a commencé à bouillir avec un bruit (　　)).
A.보글보글 B.부글부글 C.하늘하늘 D.이글이글 E.후루룩

251. 세호가 순두부찌개를 (　　　) 거리며 먹기 시작했다.
(Seho a commencé à manger le ragoût de sundubu en faisant un bruit (　　)).
A.우당탕 B.쩝쩝 C.착착 D.칙칙 E.흔들흔들

252. 아기 돼지가 (　　　) 거리며 밥을 달라고 한다.
(Un bébé cochon demande de la nourriture, avec un son (　　)).
A.음매 B.꽥꽥 C.꿀꿀 D.꼬끼오 E.왕왕

253. 개구리가 (　　　) 뜁니다.
(Une grenouille saute (　　))
A.뚜벅뚜벅 B.콩콩 C.폴짝폴짝 D.부르릉 E.철썩철썩

254. 하늘에 구름이 (   ) 떠다닌다.
(Un nuage dans le ciel flotte (   ).
A.둥실둥실 B.엉금엉금 C.주룩주룩 D.쓱쓱 E.훨훨

255. 파도가 (   ) 친다.
(Les vagues s'écrasent (   ).
A.철썩철썩 ㅋ.펄럭펄럭 C.사뿐사뿐 D.둥둥 E.꼬르륵

256. 회전의자를 (   ) 돌린다.
(Je fais tourner une chaise pivotante (   ).
A.생글생글 B.빙글빙글 C.너풀너풀 D.하늘하늘 E.똑딱똑딱

257. 봄이 오니 꽃이 (   ) 피었다.
(Les fleurs ont fleuri (   ) à l'arrivée du printemps.)
A.철썩 B.활짝 C.쫑긋 D.풍덩 E.휘휘

258. 방에 들어올 때는 (   ) 노크를 해라.
(Frappez (   ) lorsque vous entrez dans la pièce.)
A.탕탕탕 B.톡톡톡 C.똑똑똑 D.콩콩콩 E.쾅쾅쾅

259. 세탁을 했더니 이불이 (   ) 하구나.
(La couette est (   ) parce que je l'ai lavée.)
A.쌩쌩 B.통통 C.팡팡 D.뽀송뽀송 E.푸석푸석

260. 어린 아이가 넘어져서 (   ) 하고 울었다.
(Un petit enfant est tombé et a pleuré (   ).
A.토닥토닥 B.키득키득 C.하하 D.꺄악 E.으앙

261. 갓난 아이가 (   ) 자고 있다.
(Un nourrisson dort (   ).
A.콕콕 B.새근새근 C.두근두근 D.하하 E.냠냠

262. 무서운 영화를 보았더니 심장이 (   ) 뛴다.
(Mon cœur bat (   ) parce que j'ai regardé un film de fantaisie.)
A.키득키득 B.쌔액쌔액 C.통통 D.쏙쏙 E.두근두근

263. 하늘의 별들이 (　　　) 빛난다.
(Les étoiles brillent dans le ciel (　　)).
A.따르릉 B.반짝반짝 C.울긋불긋 D.하늘하늘 E.깜빡깜빡

264. 지리산에 단풍이 (　　　) 들었다.
(Les feuilles changent de couleur (　　) au mont Jiri.)
A.울긋불긋 B.토실토실 C.느릿느릿 D.하늘하늘 E.살랑살랑

265. 젊은 여자가 구두를 신고 (　　　) 걸었다.
(Une jeune femme marchait avec (　　) son, en portant des chaussures.)
A.토실토실 B.살랑살랑 C.토닥토닥 D.찰칵찰칵 E.또각또각

266. 친구들끼리 함께 모여서 사진을 (　　　) 찍었다.
(J'ai pris une photo (　　) avec des amis réunis.)
A.딩동 B.부들부들 C.들락날락 D.찰칵찰칵 E.사뿐사뿐

267. 화가 나서 몸이 (　　　) 떨린다.
(J'ai pris une photo en train de faire (　　) du son avec des amis réunis.)
A.꼬르륵 B.듬성듬성 C.부들부들 D.비틀비틀 E.보글보글

268. 술에 취한 사람이 (　　　) 걷는다.
(Une personne ivre marche (　　)).
A.나풀나풀 B.지글지글 C.보들보들 D.꼬불꼬불 E.비틀비틀

269. 후라이팬에 삼겹살을 (　　　) 구워요.
(Faire griller le samgyeopsal (　　) dans une poêle à frire.)
A.들쭉날쭉 B.지글지글 C.휘리릭 D.토실토실 E.후두둑

270. 살찐 토끼 엉덩이가 (　　　) 하다.
(Les fesses d'un lapin joufflu sont (　　)).
A.토실토실 B.토닥토닥 C.하늘하늘 D.살랑살랑 E.사뿐사뿐

Réponses

231. B
232. E
233. A
234. A
235. A
236. A
237. C
238. A
239. E
240. B
241. A
242. B
243. A
244. A
245. B
246. C
247. A
248. C
249. E
250. A
251. B
252. C
253. C
254. A
255. A
256. B
257. B
258. C
259. D
260. E
261. B
262. E
263. B
264. A
265. E
266. D
267. C
268. E
269. B
270. A

Adjectifs
형용사

Q: Parmi les chefs mentionnés ci-dessus, lequel a le mieux décrit sa cuisine ?

En coréen, les adjectifs 형용사 sont utilisés pour décrire le mot suivant de manière plus précise et descriptive. Selon le mot choisi, le sens d'une phrase peut être gravement modifié.

Il existe trois utilisations possibles des adjectifs.

description d'un sujet

멋진 **자동차가** 지나갑니다.

description d'un objet

선미가 **무서운 영화를** 봅니다.

description d'un prédicat

핫도그를 **맛있게 먹었다**.

Déterminez le type (description d'un sujet / d'un objet / d'un prédicat) des phrases suivantes.

1. 빨간 드레스가 아름답네요.
La robe rouge est magnifique.

2. 우리는 재밌는 영화를 보았다.
Nous avons regardé un film amusant.

3. 비행기가 빠르게 날아간다.
L'avion vole vite.

4. 커다란 곰이 고기를 먹는다.
Un gros ours mange de la viande.

5. 기차가 천천히 멈추었다.
Un train s'est arrêté lentement.

6. 엄마가 맛있는 요리를 해주셨다.
Maman a préparé un plat délicieux.

Réponses

1. Sujet 2. Objet 3. Prédicat 4. Sujet 5. Prédicat 6. Objet

Entraînez-vous à écrire les phrases suivantes et entourez les adjectifs 형용사 de la phrase.

하얀 눈사람을 만들어요.

오늘은 늦게 일어났어요.

재밌는 영화가 좋아.

Réponses

하얀.　늦게.　재밌는.

Reliez les adjectifs 형용사 dont les sens sont opposés.

커다란 ●　　　　　● 깨끗한

더러운 ●　　　　　● 느리게

빠르게 ●　　　　　● 적은

많은 ●　　　　　● 빨리

높은 ●　　　　　● 작은

천천히 ●　　　　　● 낮은

Réponses

커다란 – 작은 / 더러운 – 깨끗한 / 빠르게 – 느리게 / 많은 – 적은 / 높은 – 낮은 / 천천히 – 느리게

Choisissez un adjectif 형용사 dans la liste pour compléter correctement les phrases suivantes.

> 똑똑한   좁은   시원한
> 매운   하얗게   가깝게

제 옆으로 와서 [   ] 앉으세요.
Veuillez venir à côté de moi et vous asseoir (   ) moi.

[   ] 철수가 수학 시험에서 A를 받았다.
C(   ) heol-soo a obtenu un A au test de mathématiques.

[   ] 골목길을 지나면 저희 집이 나와요.
Après avoir traversé une ruelle (   ), vous verrez ma maison.

추운 겨울에 눈이 [   ] 내렸어요.
La neige est tombée (   ) par temps froid.

선풍기에서 [   ] 바람이 불어와요.
Un vent (   ) souffle du ventilateur.

떡볶이는 정말 [   ] 음식이에요.
Le tteokbokki est un plat très (   ).

Réponses

제 옆으로 와서 가깝게 앉으세요.   똑똑한 철수가 수학 시험에서 A를 받았다.   좁은 골목길을 지나면 저희 집이 나와요.
추운 겨울에 눈이 하얗게 내렸어요.   선풍기에서 시원한 바람이 불어와요.   떡볶이는 정말 매운 음식이에요.

ADJECTIFS
형용사

Questions 271 à 320. Choisissez l'adjectif le plus approprié pour compléter les phrases suivantes.

271. (　　　) 커피를 마시니 몸이 따뜻해졌다.
(Je me sens chaud lorsque je bois du café (　　　)).
A.따뜻한 B.예쁜 C.잘생긴 D.미운 E.커다란

272. 독수리가 (　　　) 날개를 흔듭니다.
(Un (　　　) aigle agite ses ailes.)
A.귀여운 B.커다란 C.매콤한 D.달콤한 E.복잡한

273. 페르시안 카페트는 (　　　) 문양이 특징이다.
(Un motif (　　　) est la caractéristique distincte du tapis de voiture persan).
A.순수한 B.홀가분한 C.복잡한 D.상냥한 E.힘센

274. 자동차가 (　　　) 떠나갔다.
(La voiture est partie ( )).
A.재밌게 B.신나게 C.기분좋게 D.달콤하게 E.빠르게

275. 요리가 정말 (　　　) 만들어졌다.
(Le plat/cuisine a été (　　　) préparé).
A.맛있게 B.무섭게 C.친절하게 D.즐겁게 E.슬프게

276. 우리는 (　　　) 영화를 봐서 기분이 좋았다.
(Nous avons regardé un film (　　　) et cela nous a fait du bien.)
A.뜨거운 B.매운 C.재밌는 D.작은 E.빠른

277. (　　　) 하늘에는 구름이 한 점 없구나.
(Un ciel (　　　) n'a pas un seul nuage).
A.누런 B.빨간 C.파란 D.잘생긴 E.비참한

278. (   ) 장미가 참 아름답구나.
(Une rose (   ) est vraiment belle.)
A.달콤한 B.친한 C.상쾌한 D.빨간 E.네모난

279. (   ) 사탕을 많이 먹으면 이가 썩는다.
(Manger des bonbons (   ) vous donnera des caries.)
A.달콤한 B.매콤한 C.즐거운 D.상냥한 E.아픈

280. 당신의 (   ) 배려심에 감사합니다.
(Merci de votre (   ) attention.)
A.건강한 B.매력적인 C.상냥한 D.허황된 E.빠른

281. 너무 (   ) 선물을 사주셔서 부담스럽네요.
(Je me sens mal à l'aise parce que tu m'as acheté un cadeau trop (   )).
A.추운 B.비싼 C.건전한 D.신비로운 E.급한

282. 강아지는 인간의 가장 (   ) 친구다.
(Les chiens sont les amis les plus (   ) des humains).
A.무서운 B.평범한 C.친한 D.두꺼운 E.높은

283. 백두산은 대한민국에서 가장 (   ) 산입니다.
(Le mont Baekdu est la plus (   ) montagne de Corée).
A.따가운 B.부드러운 C.네모난 D.높은 E.부족한

284. 아보카도는 영양이 (   ) 식품입니다.
(L'avocat est un aliment (   ) sur le plan nutritionnel).
A.풍부한 B.부족한 C.하찮은 D.타고난 E.커다란

285. 우리 할머니는 (   ) 이야기를 많이 알고계신다.
(Ma grand-mère connaît beaucoup d'histoires (   )).
A.시끄러운 B.재미난 C.어지러운 D.추운 E.따스한

286. (   ) 거인이 쿵쿵거리며 걸어갑니다.
(Un géant se promène en faisant un bruit ( ).)
A.부족한 B.낮은 C.미안한 D.거대한 E.거룩한

287. 성당은 (   ) 장소이다.
(L'église est un lieu (   ).)
A.신성한 B.촘촘한 C.팽팽한 D.깊은 E.신나는

288. 과학으로도 설명하기 힘든 (   ) 현상이다.
(Il s'agit d'un phénomène (   ) difficile à expliquer, même par la science.)
A.지겨운 B.겁나는 C.진지한 D.신기한 E.평범한

289. 아무 특징도 없는, (   ) 제품입니다.
(Il s'agit d'un produit (   ) qui n'a pas de caractéristiques distinctes.)
A.특별한 B.평범한 C.특이한 D.유사한 E.희귀한

290. 어린이의 (   ) 눈을 보면 마음이 편해진다.
(Regarder les yeux (   ) des enfants me met à l'aise.)
A.순수한 B.미련한 C.어이없는 D.근심어린 E.매서운

291. 축구는 매우 (   ) 스포츠다.
(Le football est un sport très (   ).)
A.격렬한 B.반가운 C.철저한 D.똑똑한 E.매콤한

292. 오랜만에 만난 친구의 얼굴에 (   ) 표정이 가득했다.
(Mon ami que je n'ai pas vu depuis longtemps avait le regard plein (   ).)
A.훌륭한 B.어지러운 C.배고픈 D.반가운 E.시끄러운

293. (   ) 소리에 놀라 잠에서 깼다.
(Je me suis réveillé en sursaut, à cause d'un bruit (   ).)
A.맑은 B.부드러운 C.시끄러운 D.자유로운 E.해맑은

294. 겨울에는 (　　　) 육개장이 최고야.
(En hiver, le yukgaejang (　　　) est le meilleur).
A.얼큰한 B.비릿한 C.어설픈 D.신랄한 E.안전한

295. 위험합니다! 모두 (　　　) 곳으로 이동하세요!
(C'est dangereux ! Tout le monde se met en (　　　) !
A.안전한 B.위험한 C.가까운 D.따뜻한 E.추운

296. (　　　) 자세로 오래 앉았더니 허리가 아프다.
(J'ai mal au dos après être resté longtemps assis dans une position (　　　).
A.유연한 B.부드러운 C.불편한 D.괜찮은 E.빈번한

297. (　　　) 사막은 비가 내리지 않아 끔찍한 모습이었다.
(Le désert (　　　) avait l'air horrible parce qu'il ne pleuvait pas.)
A.매마른 B.질긴 C.쫄깃한 D.부드러운 E.추운

298. 어린이들의 (　　　) 미소를 보면 행복해진다.
(Regarder le sourire (　　　) des enfants me rend heureux.)
A.방탕한 B.경직된 C.착잡한 D.두려운 E.해맑은

299. 로보트는 (　　　) 움직임이 특징이다.
Les mouvements (　　　) sont une caractéristique distincte des robots).
A.나태한 B.즐거운 C.현명한 D.날카로운 E.경직된

300. 수미와 현수는 색깔이 (　　　) 옷을 입었다.
(Sumi et Hyeonsu portaient des vêtements de couleur (　　　).
A.거칠은 B.똑똑한 C.비슷한 D.가파른 E.높은

301. (　　　) 포도가 참 맛있겠다.
(Le raisin (　　　) a l'air vraiment savoureux).
A.싱싱한 B.생생한 C.미끄러운 D.매운 E.독한

302. 민수는 어제 밤에 (   ) 꿈을 꾸었다.
(Minsu a fait un rêve (   ) la nuit dernière.)
A.커다란 B.생생한 C.통통한 D.피곤한 E.날카로운

303. 과일을 깎을 때는 (   ) 칼을 조심해라.
(Soyez prudent avec le couteau (   ) lorsque vous épluchez une pomme.)
A.느끼한 B.싱싱한 C.좋은 D.날카로운 E.침침한

304. 감옥에서 풀려난 죄수는 (   ) 삶을 살았다.
(Le prisonnier qui a été libéré de prison a vécu une vie (   ).)
A.해로운 B.화가난 C.두려운 D.지곤한 E.자유로운

305. 모기와 파리는 인간에게 (   ) 벌레다.
(Les moustiques et les mouches sont des vermines (   ) pour l'homme).
A.의로운 B.이로운 C.해로운 D.미안한 E.유사한

306. 친구들이 모두 떠나간 후, 그는 (   ) 삶을 살았다.
(Après le départ de tous ses amis, il a vécu une vie (   ).)
A.빠듯한 B.추운 C.외로운 D.의로운 E.이로운

307. 옳은 일을 많이 하는 사람은 (   ) 사람이다.
(Une personne qui fait beaucoup de choses justes est une personne (   ).)
A.힘찬 B.피곤한 C.연로한 D.괴로운 E.의로운

308. 영화배우가 (   ) 의상을 입고 시상식에 나타났다.
(Un acteur de cinéma s'est présenté à une cérémonie de remise de prix en portant des vêtements (   ).)
A.사악한 B.착한 C.싱싱한 D.희미한 E.화려한

309. 나는 부드러운 고기보다 (   ) 고기가 더 좋다.
(J'aime mieux la viande (   ) que la viande molle.)
A.질긴 B.동그란 C.둥그런 D.작은 E.커다란

310. 한국어는 정말 (   ) 언어야!
(Le coréen est une langue vraiment (   ) !)
A.따가운 B.어려운 C.희망적인 D.습한 E.매끄러운

311. (   ) 시민들이 광장으로 모여들어 시위를 시작했다.
(Les citoyens (   ) se sont rassemblés sur la place et ont commencé à protester.)
A.성난 B.행복한 C.궁금한 D.기괴한 E.어설픈

312. 10시간 동안 비행기를 타는 것은 정말 (   ) 경험이었다.
(Voler dans un avion pendant 10 heures a été une expérience vraiment (   ).
A.따가운 B.지루한 C.매서운 D.간지러운 E.취한

313. (   ) 사람은 살을 빼기 위해서 다이어트를 한다.
(Une personne (   ) suit un régime pour perdre de la graisse.)
A.건강한 B.초라한 C.심심한 D.뚱뚱한 E.귀여운

314. (   ) 사람은 거짓말을 하지 않는다.
(Une personne (   ) ne ment pas.)
A.솔직한 B.유명한 C.무식한 D.유식한 E.유익한

315. 르네상스 시대의 (   ) 조각상을 보니 감탄이 나온다.
(Les statues (   ) de la Renaissance m'émerveillent).
A.무모한 B.정교한 C.무딘 D.날카로운 E.두터운

316. 아프리카에서 가장 (   ) 동물은 사자다.
(L'animal le plus (   ) d'Afrique est le lion.)
A.창백한 B.행복한 C.용맹한 D.미운 E.힘없는

317. (   ) 빙판길을 지날 때에는 조심히 걸어야 한다.
(Lorsque vous passez sur une route gelée (   ), vous devez marcher prudemment.)
A.껄끄러운 B.반들반들한 C.미끄러운 D.사나운 E.형편없는

318. 어려운 문제들을 다 풀고 나니, (   ) 문제들만 남았네.
(Après avoir résolu toutes les questions difficiles, il ne reste plus que des questions (   ).
A.건방진 B.빠듯한 C.헐거운 D.나태한 E.쉬운

319. (　　　) 몸매를 유지하려면 살찌는 음식을 먹지 말아야 한다.
(Pour garder un corps (　　　), il ne faut pas manger des aliments qui font grossir.)
A.날씬한 B.우스운 C.게으른 D.부지런한 E.희망찬

320. (　　　) 표정을 하고 있는 환자들을 보니 마음이 아팠다.
(Après avoir vu des patients avec des visages (　　　), j'ai eu le cœur brisé.)
A.괴로운 B.마른 C.우스운 D.가뿐한 E.은근한

Réponses

271. A
272. B
273. C
274. E
275. A
276. C
277. C
278. C
279. A
280. C
281. B
282. C
283. D
284. A
285. B
286. D
287. A
288. D
289. B
290. A
291. A
292. D
293. C
294. A
295. A
296. C
297. A
298. E
299. E
300. C
301. A
302. B
303. D
304. E
305. C
306. C
307. E
308. E
309. A
310. B
311. A
312. B
313. D
314. A
315. B
316. C
317. C
318. E
319. A
320. A

Q: Qui s'est présenté avec 존대말 ?

1) 제니 2) 마이클 3) 미효 4) 토니

Réponse : 3) 미효

En coréen, il existe différents niveaux de salutation (informelle/formelle/révérencielle) qui dépendent de la hiérarchie sociale et de la relation relative entre le locuteur et l'auditeur.

En général, les 존대말 expressions honorifiques peuvent être formées en utilisant des verbes/prédicats honorifiques et des substantifs honorifiques. Examinons quelques-uns des exemples les plus courants.

SUBSTANTIFS HONORIFIQUES

Une façon d'utiliser les syllabes honorifiques est d'utiliser des "substantifs honorifiques" spéciales à la place des substantifs normaux. Un exemple courant est l'utilisation de 진지 au lieu de 밥 pour "nourriture". Souvent, les noms d'honneur sont utilisés pour faire référence à des parents. Le suffixe honorifique -님 est ajouté à de nombreux noms de parenté pour les rendre honorables. Ainsi, quelqu'un peut s'adresser à sa propre grand-mère avec 할머니, mais à la grand-mère d'un autre avec 할머님.

VERBES/PRÉDICATS HONORIFIQUES

Tous les verbes et adjectifs peuvent être transformés en forme d'adresse en ajoutant l'infixe -시- ou -으시- après le radical et avant la terminaison. Ainsi, 가다 ("aller") devient 가시다.

Certains verbes ont des formes humbles supplétives qui sont utilisées lorsque le locuteur se réfère à lui-même dans des situations polies. Il s'agit notamment de 드리다 et 올리다 pour 주다 ("donner"). 드리다 est remplacé par 주다 lorsque ce dernier est utilisé comme auxiliaire, tandis que 올리다 (littéralement "redresser") est utilisé pour 주다 dans le sens de "offrir".

Forme de base verbe	Forme honorifique verbe
공부하다	공부합니다
학생이다	학생입니다 / 학생이에요
보아라	보세요
뛰어라	뛰세요

Forme de base nom	Forme honorifique nom
집	댁
나이	연세
밥	진지
나	저
아빠	아버지

Forme de base verbe	Forme honorifique verbe
보았니?	보셨나요?
읽었니?	읽으셨나요?
하니?	하십니까?
달리니?	달리십니까?

Choisissez un titre honorifique dans la liste pour compléter correctement les phrases suivantes.

> 댁에   께서   드세요
> 드렸다   앉으세요   보셨나요

다리 아프실텐데 여기에 ☐ .
Vous devez avoir mal aux jambes. S'il vous plaît ( ) ici.

할아버지 ☐ 가서 저녁을 먹고 왔다.
Je suis allé ( ) grand-père et j'ai dîné.

어머니 ☐ 요리를 해 주셨다.
Ma mère ( ) préparait un repas.

선생님! 이 영화 ☐ ?
Enseignant ! Avez-vous ( ) ce film ?

할머니, 국이 뜨거우니 천천히 ☐ .
Grand-mère, la soupe est chaude, alors ( ) lentement.

어머니께 선물을 ☐ .
J'ai ( ) un cadeau à ma mère.

Réponses
앉으세요.   댁에.   께서.   보셨나요?   드세요.   드렸다.

Reliez les mots de forme de base aux formes honorifiques correctes.

밥 ●   ● 연세

나이 ●   ● 잡수시다

나 ●   ● 여쭙다

먹다 ●   ● 생신

묻다 ●   ● 진지

생일 ●   ● 저

Réponses

밥-진지   나이-연세   나-저   먹다-잡수시다   묻다-여쭙다   생일-생신

Honorifiques
높임말/존대말

Questions 321 - 340. Complétez les phrases suivantes avec les noms honorifiques les plus appropriés.

321. 아버지, 점심 (   ) 하셨어요?
(Père, avez-vous (   ) le déjeuner ?)
A.까까 B.밥 C.냠냠 D.식사 E.먹기

322. 할아버지, 이쪽에 (   )
(Grand-père, s'il vous plaît (   ) par ici.)
A.앉아라. B.앉을래? C.앉으세요. D.앉으렴. E.앉아봐.

323. 선생님, 많이 가르쳐 주셔서 (   ).
(Professeur, (   ) de m'avoir beaucoup appris).
A.감사드린다 B.고맙구나 C.감사합니다 D.고맙네 E.감사해

324. 의사 선생님, 저는 감기에 걸려서 머리가 (   ).
(Docteur, j'ai (   ) à la tête parce que j'ai un rhume.)
A.아픕니다 B.아프네 C.아픈데 D.아프다 E.아프구나

325. 할머니, (   ) 잡수셨어요?
(Grand-mère, avez-vous mangé (   ) ?)
A.먹이 B.진지 C.먹을 것 D.밥 E.아침밥

326. 죄송하지만 젓가락 좀 (   )
(Je suis désolé, mais pourriez-vous (   ) des baguettes ?)
A.가져와. B.주거라. C.주시겠니? D.주시겠어요? E.내놓을래?

327. 할아버지 (   )에 가서 인사드려야지.
(Je devrais aller visiter (   ) où vit mon grand-père.)
A.먹는 곳 B.사는 곳 C.있는 곳 D.집 E.댁

328. 김 선생님께서는 저쪽에 (   )
(M. Kim (   ) juste là)
A.있지. B.있지? C.계십니다. D.있다. E.있습니다.

329. 내가 선생님께 (   ).
((Je vais (   ) au professeur.)
A.물어볼게 B.여쭤볼게 C.말할게 D.물을게 E.말해볼게

330. 아버지께 선물을 (   ).
(   ) le cadeau à mon père.)
A.줬다 B.줘라 C.드려라 D.건네라 E.주거라

331. 어머니, 용돈 좀 (   )
(Maman, s'il te plaît, (   ) de l'argent de poche.
A.주세요. B.줘라. C.줘. D.드려요. E.드려.

332. 선생님, 이 책 읽어 (   )
(Professeur, (   ) ce livre ?)
A.봤냐? B.보았어? C.보셨어요? D.봤지? E.봤겠지?

333. 할아버지, 안녕히 (   )
(Grand-père, (   ) bien (   ) ?)
A.잤지요? B.자셨어요? C.잤죠? D.주무셨어요? E.잤어요?

334. 기사 아저씨, 이번 정류장에 (   )
(Monsieur le chauffeur, (   ) à cet arrêt.)
A.내려주세요. B.내려주라. C.내려주렴. D.내려주겠니. E.내린다.

335. 어서들 오셔서 식사 (   )
(Tout le monde vient vite et (   ) un repas.
A.해 B.하거라 C.하렴 D.하세요 E.하셔라

336. 어르신, 서두르지 마시고 천천히 (   ).
(Monsieur, ne vous précipitez pas et (   ) lentement.
A.오세요 B.오렴 C.와요 D.오시렴 E.와라

337. 신사 숙녀 여러분, 모두 자리에서 (   ).
(Mesdames et Messieurs, veuillez vous (   ) de votre siège.)
A.일어나거라 B.일어나시라 C.일어나십시오 D.일어나시오 E.일어나

338. 할아버지, 하루에 한 번, 식사 후에 (   )
(Grand-père, (   ) une fois par jour, après le repas.)
A.먹어라 B.드시라 C.드세요 D.먹으세요 E.드셔라

339. 아버지, 친구랑 비디오 게임을 해도 (   )
(Père, puis-je (   ) au jeu vidéo avec mon ami ?)
A.돼? B.될까? C.될까요? D.되겠지? E.되지?

340. 손님 여러분, 빨리 짐을 (   ).
(Chers invités, (   ) rapidement vos bagages.
A.챙기자 B.챙기세요 C.챙기거라 D.챙겨 E.챙겨라

Questions 341 - 360. Corrigez les parties soulignées avec les titres honorifiques mal utilisés en une forme normale.

341. 철수가 밥을 <u>드신다</u>.
(Cheol-soo prend un repas.)

342. 선생님! <u>제가</u> 문제를 <u>푸시겠습니다</u>.
(Enseignant ! Je vais résoudre le problème.)

343. 내가 제일 먼저 집에 <u>오셨다</u>.
(Je suis rentré le premier à la maison.)

344. 내 동생이 열심히 운동을 하고 <u>계시다</u>.
(Mon petit frère/ma petite sœur s'entraîne dur.)

345. 예쁜 여자 아이가 <u>태어나셨다</u>.
(Une jolie fille est née.)

346. 나는 다리가 아파서 자리에 앉으셨다.
(Je me suis assise parce que j'avais mal aux jambes.)

347. 할아버지, 내가 해드릴게요.
(Grand-père, je vais le faire pour vous.)

348. 할아버지에게 선물을 드렸다.
(J'ai offert un cadeau à mon grand-père.)

349. 선생님의 나에게 숙제를 내주셨다.
(Le professeur m'a donné des devoirs.)

350. 페르시안 카페트는 정교한 문양이 특징이십니다.
(Les motifs élaborés sont la caractéristique distinctive du tapis persan.)

351. 자동차께서 빠르게 떠나가셨다.
(Une voiture s'éloigne rapidement.)

352. 요리가 정말 맛있게 만들어지셨다.
(Le repas a été préparé de façon délicieuse.)

353. 우리는 재밌는 영화를 보셔서 기분께서 좋았다.
(Nous sommes devenus heureux parce que nous avons regardé un film amusant.)

354. 따뜻하신 커피를 마시니 몸께서 따뜻해지셨다.
(Mon corps s'est réchauffé après avoir bu un café chaud.)

355. 독수리가 커다란 날개를 흔드십니다.
(Un aigle agite ses grandes ailes.)

356. 햄버거와 피자는 패스트푸드이십니다.
(Le hamburger et la pizza sont des aliments rapides.)

357. 강아지께서 꼬리를 흔드십니다.
(Un chiot remue la queue.)

358. 호랑이가 고기를 드십니다.

(Un tigre mange de la viande.)

359. 무지개에는 일곱 색깔이 <u>있으십니다</u>.
(L'arc-en-ciel est composé de sept couleurs.)

360. 나는 배가 <u>고프시다</u>.
(Je suis affamé.)

Questions 361 - 370. Transformez les phrases suivantes en une forme de salutation.

361. 어머니가 나에게 용돈을 주었다.
(Ma mère m'a donné de l'allownace.)

362. 할머니와 할아버지가 밥을 먹는다.
(La grand-mère et le grand-père prennent un repas.)

363. 아버지가 강아지에게 먹이를 준다.
(Le père nourrit un chiot.)

364. 선생님이 나를 칭찬 해줬다.
(Le professeur m'a félicité.)

365. 할아버지가 의자에 앉아있다.
(Le grand-père est assis sur une chaise.)

366. 삼촌이 나와 놀아줬다.
(L'oncle a joué avec moi.)

367. 내 이름은 박민호다.
(Mon nom est Park Min Ho.)

368. 고모부가 티비를 본다.
(L'oncle regarde la télévision.)

369. 외삼촌이 농구를 한다.
(L'oncle joue au basket.)

370. 이모가 요리를 하고 있다.
(La tante est en train de cuisiner.)

Réponses

321. D
322. C
323. C
324. A
325. B
326. D
327. E
328. C
329. B
330. C
331. A
332. C
333. D
334. A
335. D
336. A
337. C
338. C
339. C
340. B
341. 드신다 – 먹는다
342. 푸시겠습니다 – 풀겠습니다
343. 오셨다 – 왔다
344. 계시다 – 있다
345. 태어나셨다 – 태어났다
346. 앉으셨다 – 앉았다
347. 내가 – 제가
348. 할아버지에게 – 할아버지께
349. 선생님이 – 선생님께서
350. 특징이십니다 – 특징이다
351. 자동차께서 – 자동차가, 떠나가셨다 – 떠나갔다
352. 만들어지셨다 – 만들었다
353. 보셔서 – 봐서, 기분께서 – 기분이
354. 따뜻하신 – 따뜻한, 몸께서 – 몸이, 따뜻해지셨다 – 따뜻해졌다
355. 흔드습니다 – 흔듭니다
356. 패스트푸드이십니다 – 패스트푸드입니다
357. 강아지께서 – 강아지가, 흔드십니다 – 흔듭니다
358. 드십니다 – 먹습니다
359. 있으십니다 – 있습니다
360. 고프시다 – 고프다
361. 어머니께서 나에게 용돈을 주셨다.
362. 할머니니와 할머니께서 진지를 잡수신다 (식사를 드신다).
363. 아버지께서 강아지에게 먹이를 주신다.
364. 선생님께서 나를 칭찬 해주셨다.
365. 할아버지께서 의자에 앉아계시다.
366. 삼촌께서 나와 놀아주셨다.
367. 제 이름은 박민호입니다.
368. 고모부께서 티비를 보신다.
369. 외삼촌께서 농구를 하신다.
370. 이모께서 요리를 하고 계시다.

Passé/Présent/Futur
시간의 표현

우리는 내년에 대학생이 _____.

> **Q: Parmi les termes suivants, lequel devrait être inscrit dans la case vide ?**
>
> 1) 되고있어요 2) 되었어요 3) 될거예요
>
> Réponse : 3) 될거예요

Lorsque vous écrivez des phrases, vous pouvez parler de quelque chose qui s'est déjà produit (passé), qui est en train de se produire (présent) et qui va se produire (futur).

Examinons quelques exemples courants et répondons aux questions suivantes.

QUAND / COMMENT	Déjà produit	En train de se produire	Va se produire
Par Changer Prédiate Portion	Use ~ 앗, ~었 in prédicat s 먹다 -> 먹었다 보다 -> 보았다 읽다 -> 읽었다 놀다 -> 놀았다	Use ~ 고있다 in prédicat s 먹다 -> 먹고있다 보다 -> 보고있다 읽다 -> 읽고있다 놀다 -> 놀고있다	Use ~ 을것이다, ~겟다 in prédicat s 먹다 -> 먹을것이다 보다 -> 보겠다 읽다 -> 읽을것이다 놀다 -> 놀겠다
Par En utilisant Mots Décrire Temps	어제 그저께 작년 지난 주	지금 요즈음	앞으로 다음에 내일 모레 내년

Connect the following sentences with the correct time form.

친구와 밥을 먹고 있다. ●

공부를 열심히 했다. ●

                                     ● **Déjà produit**

학교에 가고 있다. ●

                                     ● **En train de se produire**

친구와 영화를 볼 것이다. ●

                                     ● **Va se produire**

눈이 많이 내렸다. ●

30분 후에 집에 갈거야. ●

Réponses

Déjà produit - 공부를 열심히 했다. 눈이 많이 내렸다.
En train de se produire - 친구와 밥을 먹고 있다. 학교에 가고 있다.
Va se produire - 친구와 영화를 볼 것이다. 30분 후에 집에 갈거야.

Choisissez une expression dans la liste pour compléter correctement les phrases suivantes.

| 지금   어제   내일 |
| 3일 전에   5년 후에   방금 |

☐ 밤에 친구네 집에서 잤다.
J'ai dormi chez mon ami la nui (   ).

☐ 읽고 있는 책의 제목이 뭐니?
Quel est le nom du livre que vous êtes en train de lire (   ) ?

☐ 아침 9시에는 일어나야 한다.
Je dois me réveiller au moins à neuf heures (   ).

☐ 막 학교에 도착했어요.
Je viens (   ) d'arriver à l'école.

☐ 우리가 갔던 레스토랑 이름이 뭐였지?
Quel est le nom du restaurant où nous sommes allés (   ) ?

☐ 나는 어떤 모습일까?
À quoi ressemblerais-je (   ) ?

Réponses

어제.   지금.   내일.   방금.   3일 전에.   5년 후에.

Passé / Présent / Futur
시간의 표현

Questions 371 - 390. Choisissez l'expression la plus appropriée pour compléter les phrases suivantes.

371. 동훈아, 내일 뭐 (   )
(Dong-hoon, que (   ) demain ?)
A.먹고 있어? B.먹었어? C.먹고 있니? D.먹을 거니? E.먹는구나?

372. 어제는 날씨가 매우 (   )
(Il a fait très (   ) hier.)
A.춥겠지? B.춥구나. C.추웠다. D.추울 것 같다. E.춥다.

373. 나는 지금 공부를 (   )
(Je suis (   ) maintenant.)
A.하고 있어. B.했었어. C.했다. D.하고 있었다. E.하자.

374. 내년 겨울에는 하와이로 (   )
(   ) à Hawaï l'hiver prochain.
A.여행가자. B.여행했어? C.여행하고 있다. D.여행했다. E.여행 중이다.

375. 영희는 지금 학교에 (   )
(Yeong-hee est maintenant (   ) à l'école.)
A.갔다. B.갔었다. C.가고 있었다. D.가고 있다. E.갔었지?

376. 어제 먹은 불고기는 정말 (   )
(Le bulgogi que nous avons mangé hier était vraiment (   ).
A.맛있었다. B.맛있다. C.맛있겠지? D.맛있겠다. E.맛있지?

377. 내일 1시까지 그 곳으로 (   )
(Je m'y (   ) demain à 13 heures).
A.갔어. B.갈게. C.가고 있어. D.가고 있습니다. E.갔었다.

378. 3일 전에, 예쁜 강아지 5마리가 (   )
(5 jolis chiots (   ) il y a 3 jours.)
A.태어난다.　B.태어납니다.　C.태어나셨다.　D.태어났다.　E.태어나고 있었다.

379. 철수는 지금 배가 너무 고파서 혼자서 밥을 (   )
(Cheol-soo (   ) un repas seul maintenant parce qu'il a trop faim).
A.먹습니까?　B.먹었을까?　C.먹었었습니다.　D.먹고 있습니다.　E.먹었습니다.

380. 지난 여름은 정말 더웠다. 내년 겨울은 (   )
(L'été dernier a été très chaud. L'hiver prochain (   )
A.추울까?　B.추웠다.　C.추웠었어?　D.추운 중이다.　E.추웠지?

381. 어제 본 영화는 정말 (   )
(Le film que nous avons regardé hier soir était vraiment (   ).
A.무섭겠지?　B.무서울까?　C.무섭겠다.　D.무섭다.　E.무서웠다.

382. 2060년에는 얼마나 멋진 테크놀로지가 (   )
(Quel type de technologie cool (   ) en 2060 ?)
A.생길까?　B.생겼네.　C.생겼었지?　D.생겼다.　E.생기고 있을까?

383. 내일 우리가 (   ) 장소는 어디인가요?
(Où se trouve l'endroit où nous (   ) demain ?)
A.만났던　B.만난　C.　D.식사　E.만날

384. 저는 커서 과학자가 되고 (   )
(Je veux (   ) un scientifique quand je serai grand.)
A.싶습니다.　B.싶다.　C.싶었다.　D.싶을까?　E.싶네.

385. 우리 내일은 무엇을 (   )
(Que (   ) demain ?)
A.한다.　B.할까?　C.하자.　D.하네.　E.했지?

386. 내일은 비가 그치고 바람이 많이 (   )
(Il ne pleuvra plus et beaucoup de vent (   ) demain.)
A.불었다.　B.불고 있다.　C.불겠습니다.　D.부는 중이다.　E.불었었다.

387. 어제는 비가 하루종일 (   )
(Il a (   ) toute la journée d'hier.)
A.내릴 예정이다. B.내릴 것이다. C.내린다. D.내렸다. E.내리고 있었다.

388. 내일 저녁에는 맛있는 불고기를 (   )
(Demain soir, je devrais (   ) le savoureux bulgogi.)
A.먹어야지. B.먹었다. C.먹었지? D.먹었니? E.먹고 있다.

389. 내일부터 열심히 운동을 (   )
(Je vais (   ) de l'exercice à partir de demain.)
A.했었다. B.했다. C.한다. D.하겠다. E.하고 있다.

390. 5년 전 오늘, 나는 이곳에서 공부를 (   )
(Il y a 5 ans aujourd'hui, j'(   ) ici.)
A.하다. B.한다. C.했다. D.하렴. E.하지.

Questions 391 - 400. Choisissez la réponse la plus appropriée pour combler les lacunes.

391. A: 내일 아침에 뭐 할 거야? (Que faites-vous demain matin ?)
    B: 일찍 일어나서 공부 (   ) (Réveillez-vous tôt et (   ))

A.했어. B.했었지. C.해야지. D.하고 있어. E.했습니다.

392. A: 축구 경기 벌써 끝났어? (Le match de football est-il déjà terminé ?
    B: 응. 우리나라가 3:1로 (   ) (Oui. Nous (   ) 3:1.)

A.이기고 있어. B.이긴다. C.이길거야! D.이겼어. E.이길 것 같아.

393. A: 한국에서 뭐하고 있어? (Que faites-vous en Corée ?)
    B: 교환학생으로 와서 (   ) (Je suis venu dans le cadre d'un programme d'échange et (   )).

A.공부할 거야. B.공부했어. C.공부하고 있어 D.공부했지. E.공부하고 있었어.

394. A: 너는 생일이 언제야? (Quelle est la date de votre anniversaire ?)
    B: 나는 3월 11일에 (   ) (Je suis (   ) le 3/11.)

A.태어나지. B.태어났어. C.태어날거야. D.태어났어? E.태어나고 있다.

395. A: 크리스마스에 뭐할까? (Que devons-nous faire à Noël ?)
    B: 가족과 함께 식사 (   ) (   ) un repas en famille.)

A.했어. B.했었지. C.하려고. D.하고 있지. E.하고 있어.

396. A: 요즘 어떻게 지내고 있니? (Comment allez-vous ces jours-ci ?)
    B: 열심히 아르바이트 하면서 (   ) (J'ai (   ), travaillé dur à temps partiel.)

A.살고 있어. B.살았지. C.살자. D.살거야. E.살겠어.

397. A: 내년이면 네가 몇 살이지? (Quel âge auras-tu l'année prochaine ?)
    B: 저는 23살이 (   ) (J'ai (   ) 23 ans.)

A.되었다. B.되고 있다. C.됩니다. D.되는 중입니다. E.될 거야.

398. A: 학교에 언제 가니? (Quand vas-tu à l'école ?)
    B: 30분 후에 (   ) (Je (   ) dans 30 minutes.)

A.가고 있네. B.가고 있어. C.갈 거야 D.가는 중이야. E.갔지.

399. A: 지금 어디쯤이야? (Où vous trouvez-vous maintenant ?)
    B: 강남대로를 방금 전에 막 (   ) (Je viens de (   ) gangnam-daero à l'instant.

A.지나고 있어. B.지날 거야. C.지났어. D.지나는 중이야. E.지나게 될거야.

400. A: 케이팝 콘서트가 언제지? (Quand a lieu le concert de K-pop ?
    B: 케이팝 콘서트는 이미 지난주에 (   ) (Un concert de K-pop a déjà (   ) la semaine dernière.)

A.열릴 거야. B.열렸지. C.열릴까? D.열릴 예정이야. E.열린데.

Réponses

371. D
372. C
373. A
374. A
375. D
376. A
377. B
378. D
379. D
380. A
381. E
382. A
383. E
384. A
385. B
386. C
387. D
388. A
389. D
390. C
391. C
392. D
393. C
394. B
395. C
396. A
397. C
398. C
399. A
400. B

Vocabulaire
단어공부

Choisissez le mot correct dans la liste et crivez-le.

> 우체부   목수   음악가
> 가수   경찰관   소방관

(Pompier)

(Mailman)

(Officier de police)

(Charpentier)

(Musicien)

(Chanteur)

과학자　　미용사　　　기술자
의사　　이발사
　　　요리사

(Ingénieur)

(Scientifique)

(Médecin)

(Coiffeur)

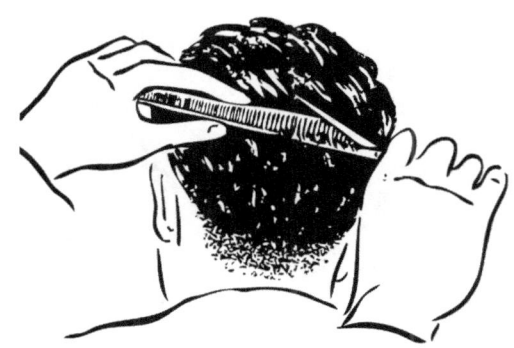
(Barbier)

(Chef)

머리카락 | 이마 | 가르마 | 눈썹 | 귓볼 | 입술 | 눈
이 | 콧구멍 | 구레나룻 | 턱 | 코 | 보조개 | 귀

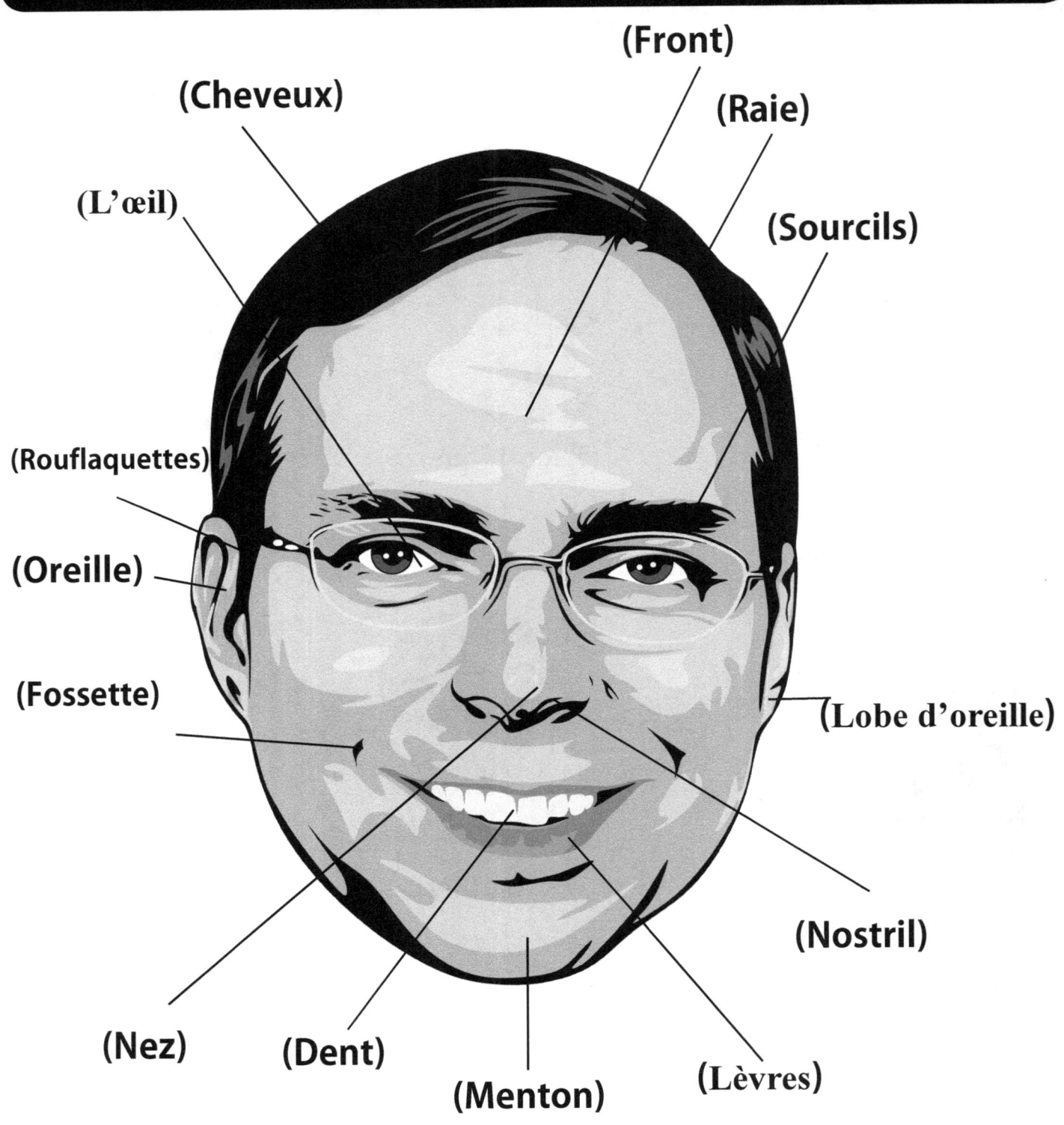

Les mots suivants sont cachés dans l'énigme ! Trouvez-les et entourez-les.

gang ah ji : chiot   ji reum gil : raccourci

to yo il : Samedi   jeon hwa gi : téléphone

gi reum : huile   adeul : fils   won soong i : singe

강호라산토요일기우효
한아양기아비노름소미
지바지선키놈종큐타혜
름키송전화기구미코아
길아들구리원긴치주만
장하조상원숭이양풍기

Réponse

소방관 (Pompier)

우체부(Mailman)

경찰관(Officier de police)

목수 (Voiturepenter)

음악가(Musicien)

가수(Chanteur)

기술자(Ingénieur)

과학자 (Scientifique)

의사(Médecin)

미용사 (Coiffeur)

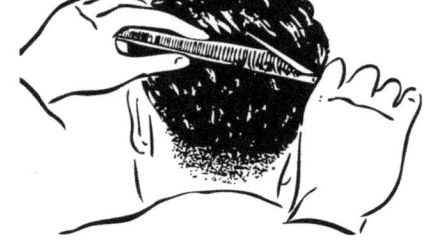
이발사 (Barbier)

요리사 (Chef)

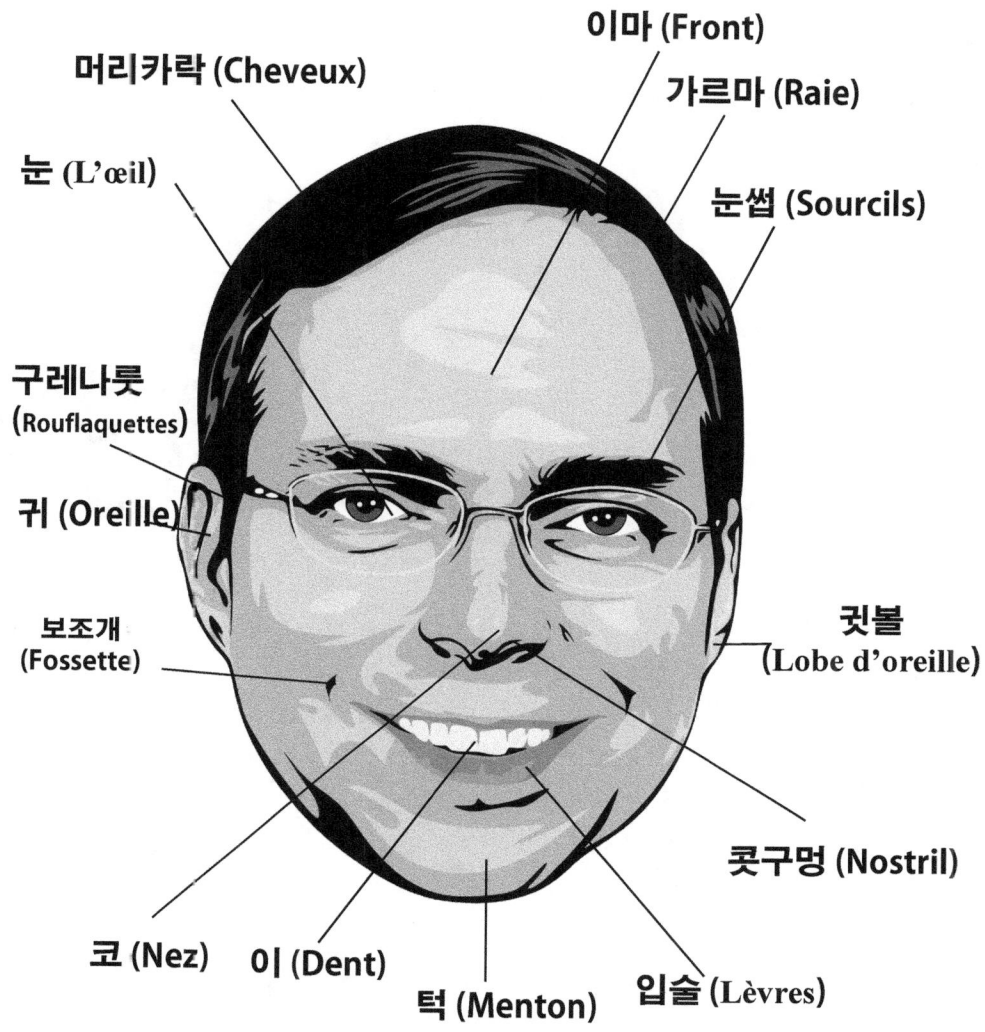

강	호	라	산	토	요	일	기	우	효
한	아	양	기	아	비	노	름	소	미
지	바	지	선	키	놈	종	큐	타	혜
룸	키	송	전	화	기	구	미	코	아
길	아	들	구	리	원	긴	치	주	만
장	하	조	상	원	숭	이	양	풍	기

ORTHOGRAPHE
철자법

Questions 400 - 469. Entourez le mot correct qui correspond à la définition.

401.

arrêter

막다   맑다

402.

comment

어떳게   어떻게

403.

asseoir

앉다   않다

404.

attraper

닷다   닿다

405.

que

무엇   무얼

406.

lire

읽다   익다

407.

est jaune

노랗다   노랏다

408.

mûrir

익다   있다

409.

couvrir

덮다   덥다

422. feuille — 잎 입

423. ajouter — 추가 추카

424. fermer — 닫다 닿다

425. enfermé — 갇힌 가친

426. urgent — 급한 그판

427. soustraire — 빼다 배다

428. franc — 정직한 정지칸

429. ouvrir — 열다 욜다

430. célébration — 축하 추카

431. Lever de soleil — 해도지 해돋이

432. beau — 옙븐 예쁜

433. en profondeur — 샅샅이 삿사치

107

434. rapide — 바른 / 빠른

435. large — 넓다 / 높다

436. chercher — 찾다 / 찼다

437. entreprise — 회사 / 홰사

438. Jour et heure — 낮 / 낯

439. maigre — 마른 / 무른

440. genou — 무릎 / 무릅

441. son — 소리 / 서리

442. est mince — 얇다 / 얕다

443. remplir — 세우다 / 채우다

444. Casserole — 찌개 / 찌게

445. poisson — 물고기 / 물꼬기

446.

poulet

닭　닥

450.

vache

소　쇠

454.

sel

속음　소금

447.

sucre

설탕　솔탕

451.

livre

책　첵

455.

arc-en-ciel

무지개　무지게

448.

chiot

강아쥐　강아지

452.

kimbap

김밥　김빱

456.

escalier

계단　개단

449.

mur

벼　벽

453.

oreiller

베게　배개

457.

bibliothèque

도서간　도서관

109

458. estomac — 배 / 베

459. crabe — 게 / 개

460. papillon — 나비 / 납이

461. bureau — 책상 / 책쌍

462. l'école — 학교 / 하꼬

463. grand-mère — 할머니 / 할먼이

464. libellule — 잠자리 / 잠잘이

465. chaise — 의자 / 으자

466. chanson — 노래 / 노레

467. bonhomme de neige — 눈사람 / 눈싸람

468. tortue — 거북이 / 고북이

469. cuillère — 숫가락 / 순가락

Questions 470 - 500. Trouvez les mots mal orthographiés dans les phrases suivantes et corrigez-les.

470. 땀을 많이 흘렸으니까 모곡을 해야겠다.
(Je devrais prendre un bain car j'ai beaucoup transpiré.)

471. 아거가 큰 입을 벌리고 먹이를 먹고 있다.
(Un crocodile mange de la nourriture avec sa grande bouche ouverte.)

472. 하라버지께 어름물을 갖다 드렸다.
(J'ai apporté de l'eau glacée au grand-père.)

473. 제 일음은 김철수입니다.
(My name is Kim Cheol-soo.)

474. 노리터에 아이들이 많이 있구나.
(There are many kids at the playground.)

475. 책쌍에 앉아서 김빱을 먹었다.
(J'ai mangé du kimbap, assis sur un bureau.)

476. 복도에서 뛰다가 너머졌다.
(Je courais dans le couloir et j'ai trébuché.)

477. 버스 안에서는 손자비를 꼭 잡아요.
(Saisissez fermement la poignée lorsque vous êtes dans un bus.)

478. 강아쥐가 멍멍 짖습니다.
(Un chiot aboie bow-wow.)

479. 와! 우리가 3:1로 승니했다!.
(Oui ! Nous avons gagné 3:1 !)

480. 동물의 반대말은 싱물이다.
(Le contraire d'animal est plante.)

481. 손까락에 반지를 꼈다.
(Je me suis passé la bague au doigt.)

482. 도서간에 책이 참 만타.
(Il y a beaucoup de livres dans la bibliothèque.)

483. 저의 꿈은 대통령이 되는 것 임니다.
(Mon rêve est de devenir président.)

484. 밥을 마니 머거서 배가 부르다.
(Je suis rassasié parce que j'ai beaucoup mangé.)

485. 언니랑 옵빠랑 소풍 가야지.
(Je devrais faire un pique-nique avec ma grande sœur et mon grand frère.)

486. 하늘에 구름이 하나도 없이 참 막다.
(Le ciel est très clair, sans un seul nuage.)

487. 운동을 열씨미 하면 건강에 조타.
(Faire de l'exercice est bon pour la santé.)

488. 비누로 손을 깨끄시 씻고 밥을 머거라.
(Lavez-vous les mains proprement et mangez.)

489. 뭐 잼있는 일 없을까?
(N'y a-t-il rien d'amusant (à faire) ?)

490. 학교에서는 선셍님 말씀을 잘 드러라.
(Ecoutez bien votre professeur lorsque vous êtes à l'école.)

491. 피료하신게 있으시면 알려주세요.
(N'hésitez pas à me faire savoir si vous avez besoin de quoi que ce soit.)

492. 저녁 8시에서 10시 사이에 열락주세요.
(Appelez-moi entre 8 et 10 heures du soir.)

493. 며칠동안 푹 쉬었더니 감기가 낳았다.
(Mon rhume a disparu après quelques jours de repos).

494. 내일부터 일찍 이러나야지.
(Je devrais me lever tôt, à partir de demain.)

495. 자리에 안자서 밥을 머겄다.
(Je me suis assis sur le siège et j'ai mangé.)

496. 저는 여덟 살입니다.
(J'ai huit ans.)

497. 다섯, 여섯, 일곱
(Cinq, six, sept.)

498. 남동생이 귀찮게 해서 짜증이 났다.
(Je me suis énervé parce que mon jeune frère m'embêtait.)

499. 지갑에 돈이 하나도 엄다.
(Il n'y a plus d'argent dans le portefeuille.)

500. 지갑을 일어버렸어요!
(J'ai perdu mon portefeuille !)

Réponses

401. 막다
402. 어떻게
403. 앉다
404. 닿다
405. 무엇
406. 읽다
407. 노랗다
408. 익다
409. 덮다
410. 낮은
411. 빚
412. 없다
413. 맞다
414. 잇다
415. 얼음
416. 엎다
417. 맡다
418. 빛
419. 꿈
420. 잇다
421. 쌓다
422. 잎
423. 추가
424. 닫다
425. 갇힌
426. 급한
427. 빼다
428. 정직한
429. 열다
430. 축하
431. 해돋이
432. 예쁜
433. 살살이
434. 빠른
435. 넓다
436. 찾다
437. 회사
438. 낮
439. 마른
440. 무릎
441. 소리
442. 얇다
443. 채우다
444. 찌개
445. 물고기
446. 닭
447. 설탕
448. 강아지
449. 벽
450. 소
451. 책
452. 김밥
453. 베개
454. 소금
455. 무지개
456. 계단
457. 도서관
458. 배
459. 게
460. 나비
461. 책상
462. 학교
463. 할머니
464. 잠자리
465. 의자
466. 노래
467. 눈사람
468. 거북이
469. 숟가락
470. 모굑 – 목욕
471. 아거 – 악어
472. 하라버지 – 할아버지 , 어름물 – 얼음물
473. 일음 – 이름
474. 노리터 – 놀이터
475. 책쌍 – 책상 , 김빱 – 김밥
476. 너머졌다 – 넘어졌다
477. 손자비 – 손잡이
478. 강아쥐 – 강아지
479. 승니 – 승리
480. 싱물 – 식물
481. 손까락 – 손가락
482. 도서간 – 도서관 , 만타 – 많다
483. 임니다 – 입니다
484. 머거서 – 먹어서
485. 옵빠 – 오빠
486. 막다 – 맑다
487. 열씨미 – 열심히 , 조타 – 좋다
488. 깨끄시 – 깨끗이 , 머거라 – 먹어라
489. 잼있는 – 재밌는
490. 드르라 – 들어라
491. 피료 – 필요
492. 열락 – 연락
493. 낳았다 – 나았다
494. 이러나야지 – 일어나야지
495. 안자서 – 앉아서 , 머겄다 – 먹었다
496. 여덜 – 여덟
497. 일곰 – 일곱
498. 귀찬게 – 귀찮게
499. 엎다 – 없다
500. 일어버렸어요 – 잃어버렸어요

LA COMPREHENSION ECRITE
(독해)

Questions 501 - 510. Lisez le texte suivant et répondez aux questions.

- 오늘은 규호의 생일입니다.
- 규호는 열 살이 되었습니다.
- 점심에는 학교에서 친구들과 햄버거를 먹었습니다.
- 여동생 미나는 규호보다 네살이 어립니다.
- 어머니께서는 규호에게 로보트 장난감을 선물 해 주셨습니다.
- 미나는 카드를 선물로 주었습니다.
- 저녁을 먹고 집에 와서 가족들과 함께 영화를 보았습니다.
- 영화를 보고 강아지 맥스와 함께 놀다가 저녁 열한시에 잠을 잤습니다.
- 참 행복한 하루였습니다.

501. D'après le texte, c'est aujourd'hui le ( ) de 규호.

A. Anniversaire   B. Premier jour à l'école   C. Récital   D. Anniversaire de maman   E. Anniversaire du chien

502. D'après le texte, quel âge a 규호?

A. Quatre   B. Neuf   C. Dix   D. Onze   E. Vingt

503. Quel est l'âge de la sœur de 규호, 미나, selon le texte ?
A. Quatre   B. Six   C. Dix   D. Onze   E. Vingt

504. D'après le texte, que mangeait 규호 à midi ?

A.Kimbap B.Hamburger C.Hot Dog D.Soupe de nouilles E.Pizza

505. Selon le texte, aujourd'hui 규호 et a un animal de compagnie...

A.Chien B.Chat C.Iguane D.Perroquet E.Hamster

506. Selon le texte, qu'est-ce que 규호 a reçu en cadeau de sa mère ?

A.T-Shirt B.Batte de baseball C.Voiture D.Jouet robot E.Argent

507. Selon le texte, qu'a fait 규호 après le dîner ?

A.Lire un livre B.Faire une sieste C.Jouer à un jeu vidéo D.Jouer au football E.Regarder un film

508. Selon le texte, qu'est-ce que 규호 a reçu comme cadeau de sa sœur ?

A.Carte B.Portefeuille C.Bague D.Chaussures E.Bonbons

509. À quelle heure 규호 s'est-il couché selon le texte ?

A.Quatre B.Six C.Dix D.Onze E.Minuit

510. Comment 규호 se sent-il d'après le texte ?

A.En colère B.Heureux C.Rejeté D.Déçu E.Triste

Réponses

501.A 502.C 503.B 504.B 505.A 506.D 507.E 508.A 509.D 510.B

Questions 511 - 520. Lisez le texte suivant et répondez aux questions.

- 수미는 고등학교 2학년 입니다.
- 수미의 반에는 모두 오십이 명의 학생이 있습니다.
- 수미는 수학을 좋아합니다.
- 수미는 공부를 하는 것을 즐기지는 않습니다.
- 수미는 체육도 좋아합니다.
- 수미의 꿈은 수학 박사가 되는 것입니다.
- 학교에서 돌아오면 저녁 일곱 시가 됩니다.
- 가족과 함께 저녁을 먹습니다.
- 그 후에, 한강에 나가서 산책합니다.
- 집으로 돌아와 소설 책을 읽고 잠을 잡니다.

---

511. D'après le texte, 수미 est un(e)...

A.Lycéen   B.Collégien   C.Artiste   D.Pianiste   E.Femme au foyer

512. Quelle est la matière que 수미 préfère d'après le texte ?

A.Histoire   B.Art   C.Anglais   D.Chimie   E.Mathématiques

513. Combien d'élèves y a-t-il dans la classe de 수미 d'après le texte ?

A.Douze   B.Vingt   C.Trente-deux   D.Quarante-cinq   E.Cinquante-deux

514. Selon le texte, 수미 aime-t-il apprendre ?

A. Oui   B. Non

515. Quelle matière, à part les mathématiques, 수미 aime-t-il selon le texte ?

A. La musique   B. L'espagnol   C. Le coréen   D. La chimie   E. Éducation physique

516. D'après le texte, qu'est-ce que 수미 veut devenir quand elle sera grande ?

A. Docteur en Mathématiques   B. Ingénieur   C. Programmeur Ordinateur   D. Joueur de Volley Ball   E. Pianiste

517. À quelle heure 수미 rentre-t-elle de l'école ?

A. Quatre   B. Cinq   C. Sept   D. Huit   E. Neuf

518. Avec qui 수미 dîne-t-il après le texte ?

A. Père   B. Amis   C. Parents   D. Camarades de classe   E. Famille

519. Selon le texte, que fait 수미 après le dîner ?

A. Se promener sur la rivière Han   B. Se reposer   C. Dormir   D. Pratiquer le volley-ball   E. Regarder une série télévisée

520. D'après le texte, que fait 수미 juste avant d'aller se coucher ?

A. Boire de la bière   B. Lire un roman   C. Surfer sur Internet   D. S'étirer   E. Chanter une chanson

Réponses

511.A   512.E   513.E   514.B   515.E   516.A   517.C   518.E   519.A   520.B

Questions 521 - 530. Lisez le texte suivant et répondez aux questions.

- 시월 구일은 한글날입니다.
- 한글은 조선 시대의 임금인 세종대왕께서 만드셨습니다.
- 한글은 글자입니다.
- 한글이 만들어지기 전에는 중국의 한자를 사용했습니다.
- 한글은 매우 과학적인 글자이고, 배우기가 쉽습니다.
- 더욱 많은 사람이 한글을 공부할 것으로 예상합니다.
- 한글은 자음과 모음으로 구성되어 있습니다.
- 한글의 가장 큰 장점은 소리를 표현하는 글자라는 것입니다.
- 다른 언어의 발음 또한 자유롭게 표현할 수 있습니다.

---

521. Quand est le 9 한글날 selon le texte ?

A. 9 avril   B. 9 juillet   C. Tous les 9 jours du mois   D. 9 octobre   E. 9 décembre

522. Qui a fait 한글 selon le texte ?

A. Le roi Gojong   B. Le roi Joseon   C. Le roi Imgum   D. Le roi Sejong   E. La reine Sejong

523. Selon le texte, 한글 est...

A. Lettres   B. Chiffres   C. Prononciations   D. Langue   E. Peinture

524. Selon le texte, qu'utilisaient les gens avant l'invention de 한글?

A. Caractères japonais   B. Caractères chinois   C. Alphabet latin   D. Caractères mongols   E. Lettres hébraïques

525. Selon le texte, l'auteur affirme que 한글 est...

A.Scientifique   B.Romantique   C.Compliqué   D.Unilatéral   E.Interdit

526. Il ressort du texte qu'il est difficile pour les étrangers d'apprendre 한글.

A.Vrai   B.Faux

527. Il ressort du texte que l'auteur s'attend à ce que moins de personnes apprennent 한글 en raison de sa complexité.

A.Vrai   B.Faux

528. D'après le texte, 한글 se compose de...

A.Les noms et les verbes   B.Les voyelles et les consonnes   C.Les chiffres et les lettres   D.Les noms et les prénoms   E.Les sons et les images

529. D'après le texte, il apparaît que le principal avantage de 한글 est qu'il exprime ....

A.Les sons   B.Les significations   C.Les symboles   D.Les idées   E.Les émotions

530. Il ressort du texte que 한글, malgré de nombreux avantages, n'est pas capable d'exprimer la prononciation d'autres langues.

A.Vrai   B.Faux

Réponses

521.C   522.D   523.A   524.B   525.A   526.B   527.B   528.B   529.A   530.B

Questions 531 - 540. Lisez le texte suivant et répondez aux questions.

- 유산소 운동은 건강을 유지하는 데 있어서 매우 효과적인 방법입니다.
- 전문가들은 일주일에 두 번 이상, 이십 분 이상 하는 것이 이상적이라고 말합니다.
- 유산소 운동을 하면 심장 근육이 튼튼해지고 체지방이 줄어듭니다.
- 따라서, 다이어트에도 큰 도움이 됩니다.
- 하지만 무릎이 아픈 사람은 유산소 운동보다는 빨리 걷기가 더욱 좋습니다.
- 규칙적인 유산소 운동과 함께 중요한 것은 균형 잡힌 식단입니다.
- 유산소 운동 후에는 충분한 수분을 섭취하는 것이 중요합니다.

531. Qu'est-ce qui est présenté dans le texte comme une méthode efficace pour préserver sa santé ?

A.Boxe   B.Cross Fit   C.Yoga   D.L'entraînement d'endurance   E.Haltérophilie

532. Selon les experts, combien de fois par semaine au minimum devrait-on aller courir ?

A.Une fois   B.Deux fois   C.Trois fois   D.Quatre fois   E.Cinq fois

533. Selon les experts, combien de temps au moins devrait-on aller courir lorsqu'on s'entraîne ?

A.Vingt minutes   B.Trente minutes   C.Quarante minutes   D.Cinquante minutes   E.Soixante minutes

534. D'après la description du texte, quel est l'avantage de l'entraînement d'endurance ?

A.Perdre de la graisse corporelle   B.Renforcer les articulations du genou   C.Améliorer la digestion
D.Réduire le stress   E.Améliorer la peau

535. Quel muscle est renforcé par l'entraînement d'endurance ?

A.Noyau   B.Jambe   C.Bras   D.Dos   E.Cœur

536. Selon le texte, l'entraînement d'endurance est bénéfique pour...

A.Suivre un régime   B.Étudier   C.Dormir   D.Se concentrer   E.Se reposer

537. Qui, selon le texte, ne devrait PAS faire d'entraînement d'endurance ?

A.Les personnes souffrant d'un mauvais genou   B.Les personnes souffrant de maux de tête   C.Les personnes souffrant d'une maladie cardiaque   D.Les personnes souffrant d'hypertension artérielle   E.Les personnes souffrant de diabète

538. Quel autre exercice est proposé dans le texte comme alternative pour les personnes mentionnées ci-dessus ?

A.Haltérophilie   B.Yoga   C.Pilates   D.Marche rapide   E.Aviron

539. Qu'est-ce qui, selon le texte, est aussi important que la pratique régulière d'un sport d'endurance ?

A.Alimentation équilibrée   B.Faible taux de graisse corporelle   C.Pression artérielle basse   D.Repos   E.Bien dormir

540. Que recommande le texte à la suite d'un entraînement d'endurance ?

A.Prendre une douche   B.Prendre un bain   C.Boire suffisamment d'eau   D.Dormir   E.S'étirer

Réponses

531.D   532.B   533.A   534.A   535.E   536.A   537.A   538.D   539.A   540.C

Questions 541 - 550. Lisez le texte suivant et répondez aux questions.

- 동물에게 가장 힘든 계절은 겨울입니다.
- 추운 날씨에는 굶어 죽는 경우가 많습니다.
- 하지만 어떤 동물들은 한참 동안 먹이를 먹지 않아도 살 수 있습니다.
- 이러한 동물들은 겨울 동안 계속해서 잠을 잡니다.
- 이러한 것을 '겨울잠' 이라고 합니다.
- 예를들어, 북극곰은 계속해서 잠을 자면서 에너지 소모를 최소화할 수 있습니다.
- 봄이 오면, 잠에서 깬 북극곰은 다시 활발해집니다.
- 또 다른 동물은 개구리입니다.
- 개구리는 땅속에서 잠을 자면서 추운 겨울을 이겨냅니다.
- 과학자들은 이러한 습성이 진화의 증거라고 말합니다.

541. D'après le texte, la saison la plus difficile pour les animaux est...

A.Printemps   B.Été   C.Automne   D.Hiver

542. Le texte indique qu'à cette période, les animaux sont souvent...

A.Mourir de froid   B.Mourir de faim   C.S'entretuer   D.Ne pas pouvoir s'accoupler   E.Attraper une maladie

543. D'après le texte, certains animaux passent bien l'hiver parce qu'ils peuvent survivre sans...

A.Chasser   B.Se déplacer   C.Manger   D.S'accoupler   E.Dormir

544. Que font ces animaux en hiver ?

A.Economiser l'énergie   B.Chasser   C.Migrer   D.Se reposer   E.Dormir

545. D'après le texte, un tel comportement est appelé ...?

A.잠   B.겨울   C.동물   D.날씨   E.겨울잠

546. Selon le texte, ce comportement les aide à passer l'hiver parce qu'il ....

A.Maximise le métabolisme   B.Minimise la consommation d'énergie   C.Maximise le stockage des graisses
D.Ralentit le système immunitaire   E.Ralentit le système digestif

547. Quand est-ce que les animaux redeviennent actifs, comme le décrit le texte ?

A.Printemps   B.Été   C.Automne   D.Hiver   E.Milieu de l'hiver

548. En se basant sur le texte, l'auteur utilise CET animal comme autre exemple de ......

A.Tigre   B.Cerf   C.Serpent à sonnettes   D.Renard   E.Grenouille

549. En se basant sur le texte, où l'animal susmentionné séjourne-t-il en hiver ?

A.Région chaude   B.Intérieur d'un autre animal   C.Nid   D.Grotte   E.Sous terre

550. D'après le texte, les scientifiques affirment qu'un tel comportement est une preuve de...

A.La lâcheté   B.La sélection naturelle   C.La création   D.L'évolution   E.La révolution

Réponses

541.D   542.B   543.C   544.E   545.E   546.B   547.A   548.E   549.E   550.D

Questions 551 - 560. Lisez le texte suivant et répondez aux questions.

- 텔레비전을 너무 많이 보는 것은 눈 건강에 좋지 않다.
- 가장 큰 문제는 눈이 건조해지는 것이다.
- 심각해질 경우에는 시력을 잃을 수도 있다고 한다.
- 이러한 문제를 방지하기 위해서는 텔레비전을 한 번에 한 시간 이상 보지 말고, 눈을 충분히 쉬게 해 주는 것을 권장한다.
- 시력은 한번 잃게 되면 회복하기 쉽지 않다.
- 눈을 평소에 꾸준히 관리하는 노력이 필요하다.
- 이와 함께 눈 건강에 좋은 음식을 먹는 것이 도움이 된다고 한다.
- 당근, 블루베리에는 눈 건강에 좋은 영양소가 많아 자주 섭취하는 것이 권장된다.
- 그리고, 시력이 약해진 경우에는 안경을 쓰는 것이 필요하다.

---

551. D'après le texte, il apparaît que si l'on fait CELA de trop, ce n'est pas bon pour la santé des yeux.

A. Lire   B. Regarder la télévision   C. Faire de l'exercice   D. Dormir   E. Chanter

552. Il ressort du texte que CELA peut entraîner des yeux ...

A. Sec   B. Humide   C. Raide   D. Dysfonctionnement   E. Flou

553. Il ressort du texte qu'un tel état peut conduire à ....

A. Perte de l'audition   B. Muscles oculaires raides   C. Pupilles endommagées   D. QI faible   E. Perte de la vue

554. Pour prévenir le problème, il ne faut pas regarder la télévision plus longtemps que CETTE durée d'affilée, d'après le texte.

A. Une heure   B. Deux heures   C. Deux heures et trente minutes   D. Quatre heures   E. Six heures

555. Il ressort du texte qu'il est également important d'accorder CETTE attention aux yeux ...

A.Le temps   B.La pression   C.La lumière   D.Le repos   E.L'humidité

556. Il ressort du texte que la vue perdue peut être facilement restaurée avec des soins appropriés.

A.Vrai   B.Faux

557. Selon le texte, à quelle fréquence doit-on prendre soin de ses yeux ?

A.Fréquemment   B.Une fois par semaine   C.Une fois par an   D.Constamment   E.Sporadiquement

558. D'après le texte, il est également important de faire CELA pour la santé des yeux.

A.Manger des aliments bénéfiques pour la santé des yeux   B.Dormir plus de six heures par jour   C.Se promener au moins deux fois par jour   D.Faire de l'exercice régulièrement   E.Avoir une bonne hygiène de vie

559. Quels aliments sont bons pour la santé des yeux ?

A.Burger au jambon   B.Riz   C.Fraise   D.Myrtille   E.Champignon

560. D'après le texte, l'auteur NE recommande PAS de porter des lunettes lorsque la vue diminue.

A.Vrai   B.Faux

Réponses

551.B   552.A   553.E   554.A   555.D   556.B   557.D   558.A   559.D   560.B

Questions 561 - 570. Lisez le texte suivant et répondez aux questions.

- 운전할 때는 고도의 집중력이 요구된다.
- 특히나 날씨가 좋지 않은 날에는 더욱 조심해야 한다.
- 비가 많이 오거나 눈이 많이 오는 날에는 도로가 미끄럽다.
- 운전자가 조심하는 것이 가장 효과적인 방법이다.
- 전 세계적으로 하루평균 백 명 이상이 교통사고로 사망한다.
- 그중에서도 나이가 많은 운전자들이 일으키는 사고가 가장 많다.
- 이러한 이유에서 일부 국가에서는 팔십 세 이상 운전자들의 운전을 제한하는 계획을 하고 있다.
- 이러한 문제 때문에 많은 자동차 회사들은 자율주행 자동차를 개발하고 있다.
- 미래에는, 사람이 직접 운전하지 않아도 되는 시대가 올 것이다. 나아가, 전기로 움직이는 자동차가 대중화 될 것이다.

561. Il ressort du texte que la conduite automobile requiert un haut degré de prudence.

A.Concentration   B.Compréhension   C.Analyse   D.Humour   E.Patience

562. Il ressort du texte que les conducteurs doivent être particulièrement prudents ce jour-là.......

A.Mauvais temps   B.Vacances   C.Week-end   D.Journée chaude   E.Journée froide

563. Il ressort du texte qu'il est difficile de se déplacer un jour de mauvais temps, car la route …...

A.Congestionné   B.Glissant   C.Chaud   D.Inégal   E.Endommagé

564. Selon le texte, quel est, selon l'auteur, le moyen le plus efficace d'éviter les accidents ?

A. Nouvelles technologies   B. Conducteurs plus prudents   C. Ne pas conduire   D. Louer une voiture   E. Covoiturage

565. Selon le texte, combien de personnes meurent en moyenne dans des accidents de voiture ?

A. Trente   B. Cinquante   C. Soixante   D. Quatre-vingts   E. Cent

566. D'après le texte, qui sont les principaux responsables des accidents ?

A. Les adolescents   B. Les personnes âgées   C. Les conducteurs sans permis   D. Les femmes au volant   E. Les hommes au volant

567. Il ressort du texte que certains pays tentent, pour la raison susmentionnée, de limiter la délivrance de permis de conduire aux conducteurs de plus de ....

A. Cinquante   B. Soixante   C. Soixante-dix   D. Quatre-vingts   E. Quatre-vingt-dix

568. Il ressort du texte que, pour la raison susmentionnée, de nombreux constructeurs automobiles .....

A. Véhicule auto-conducteur   B. Véhicule haut de gamme   C. Véhicule haut de gamme   D. Véhicule à hydrogène   E. Véhicule robotisé

569. QUI serait dispensé de conduire à l'avenir, selon le texte ?

A. Les conducteurs ivres   B. Les femmes au volant   C. Les personnes âgées   D. Tout le monde   E. Les adolescents

570. QUOI serait, selon le texte, d'une grande aide pour la protection de l'environnement ?

A. Véhicule électrique   B. Vélo   C. Véhicule plus petit   D. Véhicule à hydrogène   E. Motocyclette

Réponses

561.A   562.A   563.B   564.B   565.E   566.B   567.D   568.A   569.D   570.A

Questions 571 - 580. Lisez le texte suivant et répondez aux questions.

- 한식은 한국인들이 즐겨 먹는 음식을 이르는 말이다.
- 한식의 역사는 수천 년에 달한다.
- 한식은 맛과 영양의 균형을 가장 중요하게 생각한다.
- 외국인들이 가장 좋아하는 대표적인 한식으로는 비빔밥이 있다.
- 비빔밥은 채소, 달걀, 버섯, 불고기 등을 함께 즐길 수 있는 요리다.
- 한식은 숟가락과 젓가락을 사용하여 즐긴다.
- 어른들과 함께 식사할 경우에는 어른이 먼저 식사를 시작하시기를 기다려야 한다.
- 한식은 이제 외국인들도 즐기는 세계적인 요리가 되었다.
- 한식의 미래를 위해서는 유행에 어울리는 새로운 레시피가 필요하다.
- 한식을 즐기는 젊은이들의 비율이 많이 줄어들고 있기 때문이다.

571. D'après le texte, la nourriture que les Coréens aiment beaucoup s'appelle ....

A.Bap   B.Hansik   C.Achim   D.Bibimbap   E.Hankook

572. Depuis quand et combien de temps, selon le texte, remonte l'histoire du pays ?

A.Dix mille ans   B.Mille ans   C.Mille ans   D.Cinq cents ans   E.Cent ans

573. Il ressort du texte que l'aspect le plus important du hansik est l'équilibre entre ?

A.Yin et Yang   B.Ancien et nouveau   C.Tradition et tendance   D.Prix et qualité   E.Goût et nutrition

574. Il ressort du texte que CE plat de hansik est le plus apprécié des étrangers.

A.Galbi   B.Kimbap   C.Japchae   D.Bulgogi   E.Bibimbap

575. Lequel des ingrédients suivants ne fait pas partie du bibimbap ?

A.Champignon   B.Œuf   C.Bulgogi   D.Gâteau de poisson   E.Légumes

576. Comme il ressort du texte, le hansik est préparé avec .... ?

A.Baguettes seules   B.Cuillère et baguettes   C.Main   D.Fourchette et baguettes   E.Fourchette et cuillère

577. Selon le texte, les jeunes mangent avec des personnes âgées .....

A.Ne pas parler   B.Attendre que les personnes âgées commencent à manger   C.Manger avec les deux mains
D.Manger moins que les personnes âgées   E.Ne pas regarder les personnes âgées dans les yeux

578. Il ressort du texte que le hansik est aujourd'hui apprécié par .... ?

A.Les adolescents   B.Les Américains et les Asiatiques   C.Les Asiatiques seulement   D.Les Coréens seulement   E.Les gens du monde entier

579. D'après le texte, que faut-il pour l'avenir de Hansik ?

A.Recettes tendance   B.Recettes traditionnelles   C.Meilleur service   D.Plats plus sains   E.Plats plus épicés

580. D'après le texte, l'inquiétude pour Hansik aujourd'hui est que le nombre de personnes qui l'aiment diminue parmi .... ?

A.Les Coréens   B.Les jeunes   C.Les personnes âgées   D.Les femmes   E.Les hommes

Réponses

571.B   572.B   573.E   574.E   575.D   576.B   577.B   578.E   579.A   580.B

Questions 581 - 590. Lisez le texte suivant et répondez aux questions.

- 대한민국의 수도 서울의 역사는 오백 년이 넘습니다.
- 조선 시대에는 한양이라 불렸습니다.
- 서울에는 다섯 개의 왕궁이 있습니다.
- 서울의 인구는 약 천만 명입니다.
- 이는 도쿄와 뉴욕보다도 많은 숫자입니다.
- 서울에 사는 외국인의 숫자는 계속해서 증가하고 있습니다.
- 그래서 세계의 다양한 요리를 즐길 수 있는 식당들이 많습니다.
- 서울은 전통과 현대가 함께있는 도시입니다.
- 오랜 역사와 최신 기술이 자연스럽게 어울립니다.
- 하지만 차가 많아 교통이 복잡한 것은 단점입니다.

581. D'après le texte, quel est l'âge de Séoul ?

A.Plus de 100 ans B.Plus de 200 ans C.Plus de 300 ans D.Plus de 400 ans E.Plus de 500 ans

582. Le texte indique que Séoul s'appelait ainsi sous la dynastie Joseon.

A.Saul B.Sung C.Gwanghwamun D.Hyehwa E.Hanyang

583. D'après le texte, combien de palais royaux y a-t-il à Séoul ?

A.Quatre B.Cinq C.Six D.Sept E.Dix

584. Comme le montre le texte, les palais royaux sont pleins de ....

A.Soldats B.Adolescents C.Étudiants D.Touristes E.Historiens

585. D'après le texte, la population de Séoul est de .....

A.Un million B.Cinq millions C.Dix millions D.Un milliard E.Cinq milliards

586. D'après le texte, Séoul a plus d'habitants que Tokyo, mais moins que New York.

A.Vrai   B.Faux

587. Il ressort du texte que le nombre d'étrangers est toujours de ....

A.Augmenter B.Diminuer C.Rester le même D.Rester à un niveau constant E.Fluctuer

588. Le texte indique qu'ils sont nombreux et QU'ILS représentent différentes cultures.

A.Les écoles B.Les églises C.Les restaurants D.Les musées E.Les théâtres

589. D'après le texte, il y a CES personnes à Séoul qui vivent en harmonie les unes avec les autres.

A.Le passé et l'avenir B.Les hommes et les femmes C.Le Nord et le Sud D.La tradition et la modernité E.Le Yin et le Yang

590. Il ressort du texte que l'un des inconvénients de Séoul est que ....

A.Taux de criminalité B.Embouteillages C.Accidents de voiture D.Lenteur de l'Internet E.Coût de la vie élevé

Réponses

581.E   582.E   583.B   584.D   585.C   586.B   587.A   588.C   589.D   590.B

Questions 591 - 600. Lisez le texte suivant et répondez aux questions.

- 언어를 공부하는 데 있어서 가장 효과적인 방법은 따라하기다.
- 어린 아기들이 언어를 배우는 과정을 보면 알 수 있다.
- 언어 학자들이 그러한 주장을 하고있다.
- 아기들은 부모가 말하는 것을 똑같이 흉내 내는 방법을 사용한다.
- 이러한 방법을 통해 의사소통하는 방법을 배운다.
- 이와 더불어 표정을 통해 감정을 전달하는 방법도 배운다.
- 어렸을 때 정확한 발음을 가르치는 것이 중요하다.
- 강아지들도 어미 강아지가 짖는 방식을 보고 따라 한다.
- 전 세계에는 약 육천구백개가 넘는 언어가 있다.
- 가장 많은 사람들이 사용하는 언어는 중국어다.

591. Selon le texte, la manière la plus efficace d'apprendre une langue est ... ?

A. Regarder   B. Écouter   C. Chanter   D. Écrire   E. Imiter

592. Selon le texte, un bon exemple est .... ?

A. Les adolescents   B. Les jumeaux   C. Les enseignants   D. Les personnes âgées   E. Les bébés

593. Selon le texte, qui affirme cela dans le texte ?

A. Enseignants   B. Étudiants   C. Infirmiers   D. Scientifiques   E. Linguistes

594. D'après le texte, qui les bébés imitent-ils ?

A. Parents   B. Enseignants   C. Infirmiers   D. Médecins   E. Amis

595. D'après le texte, les bébés apprennent à travers les pratiques telles que ....

A. équilibrer leur corps   B. marcher   C. communiquer   D. calculer   E. chanter

596. Pour communiquer, qu'apprennent encore les bébés par ces pratiques ?

A. Expressions faciales   B. Mode   C. Musique   D. Couleur   E. Son

597. D'après le texte, il est important de leur enseigner CECI tant qu'ils sont encore petits.

A. Prononciation correcte   B. Geste   C. Expression faciale   D. Contact visuel   E. Capacité d'écoute

598. Selon le texte, quel animal apprend à communiquer en imitant sa mère ?

A. Lapins   B. Iguanes   C. Chiots   D. Canetons   E. Chatons

599. Selon le texte, combien de langues y a-t-il dans le monde ?

A. Environ plus de 3 000   B. Environ plus de 4 500   C. Environ plus de 5 200   D. Environ plus de 6 900
E. Exactement 6 900

600. Quelle est la langue la plus parlée dans le monde ?

A. Espagnol   B. Portugais   C. Chinois   D. Anglais   E. Russe

Réponses

591.E   592.E   593.E   594.A   595.C   596.A   597.A   598.C   599.D   600.C

www.ingramcontent.com/pod-product-compliance
Lightning Source LLC
LaVergne TN
LVHW081552060526
838201LV00054B/1868